반야심경 한문 사경

불교신행연구원
김 현 준   엮음

한량없는 세월동안 몸이나 물질로 보시한 공덕보다
경전을 사경하고 독송한 공덕이 훨씬 더 뛰어나니라

새벽숲

마하반야바라밀다심경
摩訶般若波羅蜜多心經

관자재보살 행심반야바라밀다시 조견오온개공 도일체고액
觀自在菩薩 行深般若波羅蜜多時 照見五蘊皆空 度一切苦厄

사리자 색불이공 공불이색 색즉시공 공즉시색
舍利子 色不異空 空不異色 色卽是空 空卽是色

수상행식 역부여시
受想行識 亦復如是

사리자 시제법공상 불생불멸 불구부정 부증불감
舍利子 是諸法空相 不生不滅 不垢不淨 不增不減

시고 공중 무색 무수상행식 무안이비설신의 무색성향미촉법
是故 空中 無色 無受想行識 無眼耳鼻舌身意 無色聲香味觸法

무안계 내지 무의식계 무무명 역무무명진 내지 무노사 역무노사진
無眼界 乃至 無意識界 無無明 亦無無明盡 乃至 無老死 亦無老死盡

무고집멸도 무지역무득
無苦集滅道 無智亦無得

이무소득고 보리살타 의반야바라밀다 고심무가애 무가애고
以無所得故 菩提薩埵 依般若波羅蜜多 故心無罣碍 無罣碍故

무유공포 원리전도몽상 구경열반
無有恐怖 遠離顚倒夢想 究竟涅槃

삼세제불 의반야바라밀다 고득아뇩다라삼먁삼보리
三世諸佛 依般若波羅蜜多 故得阿耨多羅三藐三菩提

고지반야바라밀다 시대신주 시대명주 시무상주 시무등등주
故知般若波羅蜜多 是大神呪 是大明呪 是無上呪 是無等等呪

능제일체고 진실불허 고설반야바라밀다주 즉설주왈
能除一切苦 眞實不虛 故說般若波羅蜜多呪 卽說呪曰

아제아제 바라아제 바라승아제 모지 사바하 (3번)
揭諦揭諦 波羅揭諦 波羅僧揭諦 菩提 娑婆訶

마하반야바라밀다심경
摩訶般若波羅蜜多心經

관자재보살이 깊은 반야바라밀다를 행할 때, 오온이 공한 것을 비추어 보고 온갖 고통에서 건너느니라.

사리자여, 색이 공과 다르지 않고 공이 색과 다르지 않으며, 색이 곧 공이요 공이 곧 색이니, 수 상 행 식도 그러하니라.

사리자여, 모든 법은 공하여 나지도 멸하지도 않으며, 더럽지도 깨끗하지도 않으며, 늘지도 줄지도 않느니라.

그러므로 공 가운데는 색이 없고 수 상 행 식도 없으며, 안 이 비 설 신 의도 없고, 색 성 향 미 촉 법도 없으며, 눈의 경계도 의식의 경계까지도 없고, 무명도 무명이 다함까지도 없으며, 늙고 죽음도 늙고 죽음이 다함까지도 없고, 고 집 멸 도도 없으며, 지혜도 얻음도 없느니라.

얻을 것이 없는 까닭에 보살은 반야바라밀다를 의지하므로 마음에 걸림이 없고, 걸림이 없으므로 두려움이 없어서 뒤바뀐 헛된 생각을 멀리 떠나 완전한 열반에 들어가며, 삼세의 모든 부처님도 반야바라밀다를 의지하므로 최상의 깨달음을 얻느니라.

반야바라밀다는 가장 신비하고, 밝은 주문이며, 위없는 주문이며 무엇과도 견줄 수 없는 주문이니, 온갖 괴로움을 없애고 진실하여 허망하지 않음을 알지니라.

이제 반야바라밀다 주를 말하리라.

아제 아제 바라아제 바라승아제 모지 사바하(3번)

·반야심경 사경과 영험

사경은 기도와 수행의 한 방법이며, 우리의 삶을 밝은 쪽으로 바른 쪽으로 행복한 쪽으로 나아가게 하는 거룩한 불사입니다. 반야심경을 써보십시오. 반야심경을 눈으로 보고 입으로 외우고 손으로 쓰고 그 뜻을 마음에 새기는 사경기도는 크나큰 성취를 안겨줍니다.

더욱이 반야심경은 모든 괴로움과 장애를 없애고 공(空)의 이치를 체득하게 하여, 무량한 복덕을 갖춘 원래의 자리로 되돌아가게 만드는 대승불교 경전의 진수입니다. 따라서 이 경전을 사경하고 독경하여 그 뜻을 나의 것으로 만들면 한량없는 가피가 저절로 찾아들고, 업장참회는 물론이요 쉽게 소원성취를 할 수 있습니다.

특히 다음과 같은 원의 성취를 바란다면 반야심경을 사경해보십시오.

· 입시 등 각종 시험의 합격을 원할 때
· 개업 및 집을 짓거나 이사를 하거나 집안에 중요한 일이 있을 때
· 사업의 번창을 바랄 때
· 불안함과 두려움이 많을 때
· 각종 병환 · 재앙 · 시비 · 구설수 등을 소멸시키고자 할 때
· 가족의 불협화음을 없애고자 할 때
· 평온하고 안정된 삶을 원할 때
· 일가친척의 영가를 잘 천도하고 극락왕생을 바랄 때
· 마음공부를 깊이 있게 하고자 할 때
· 부처님의 대진리를 깨닫고자 할 때

이 밖에도 반야심경 사경의 영험은 이루 다 말할 수 없습니다.

특히 삼재(三災)에 든 사람이 반야심경을 사경하면 삼재가 절대로 범접하지 못합니다. 삼재 든 해에 하루 1번씩만이라도 매일매일 사경을 하면 재앙이 소멸됨은 물론이요, 오히려 좋은 일들까지 찾아듭니다. 주위를 둘러보면 삼재 때문에 부적을 사고 굿이나 살풀이를 하는 이들을 자주 보게 되는데, 이보다는 반야심경을 하루 1편씩 사경하는 것이 훨씬 더 효과가 있습니다. 왜? 대우주의 호법신장이 '나'를 지켜줄 뿐 아니라, 공의 도리를 깨달아 안정된 마음가짐까지 가질 수 있도록 해주기 때문입니다. 실제로 삼재에 든 분들께 반야심경 사경을 시켜 보았더니 그 효과가 생각 이상으로 컸습니다. 하여, 삼재에 든 분이나 현재 각종 장애와 곤란에 처해 있는 분들께 꼭 반야심경 사경을 하시기를 감히 권합니다.

· 반야심경 사경의 순서

1. 경문을 쓰기 전에

① 먼저 3배를 올리고 삼귀의를 한 다음, 반야심경 사경집을 펼치고 다음과 같은 기본적인 축원부터 세 번씩 발합니다.

- 시방세계에 충만하신 불보살님이시여, 세세생생 지은 죄업 모두 참회합니다.
- 이제 반야심경을 사경하는 공덕을 선망조상과 일체 중생의 행복을 위해 바칩니다.
- 아울러 저희 가족 모두가 늘 건강하옵고, 하는 일들이 다 순탄하여지이다.

② 이렇게 기본적인 축원을 한 다음, 꼭 성취되기를 바라는 일상의 소원들을 함께 축원하십시오. 예를 들면,

"대자대비하신 부처님, 관세음보살님. 가피를 내려이 죄업 중생의 업장을 녹여

주시옵고, ····가 꼭 성취되게 하옵소서." (3번)

라고 합니다. 이 경우, 그 구체적인 소원들을 문장으로 만들어 9페이지의 '반야심경 사경 발원문'난에 써놓고, 사경하기 전과 사경을 마친 다음 세 번씩 축원을 하면 좋습니다.

③ 축원을 한 다음 「개법장진언」 '옴 아라남 아라다'를 세 번 염송하고, 이어 '나무마하반야바라밀다심경'을 세 번 외웁니다. 경의 제목은 그 경전 내용의 핵심을 함축하고 있고 공덕이 매우 크기 때문에 꼭 세 번씩 독송하기를 당부드리는 것입니다.

2. 경문을 쓸 때

① 사경을 할 때 바탕글씨와 똑같이 억지로 베껴 쓰는 분이 있는데, 시간이 너무 오래 걸리므로 꼭 그렇게 쓸 필요는 없습니다. 바탕글씨를 크게 벗어나지 않는 범위 내에서 자기 필체로 쓰면 됩니다.

② 이 사경집에서는 각 한문 구절 위에 진한 글씨로 해석을 써놓았습니다. 그러나 조계종에서 통일하여 만든 「우리말 반야심경」 번역을 그대로 따르지는 않았습니다. 쓰면서 뜻을 보다 명확하게 이해할 수 있도록 하기 위해 내용을 구체적으로 풀이한 번역문을 적어 놓았습니다. 그러므로 법회시에 한글로 독송을 할 때는 p.3의 번역을 따라 주시기 바라며, 뜻을 새기고 이해하며 쓰는 것이 무엇보다 중요하다는 것을 꼭 명심하시기 바랍니다.

③ 사경을 한다고 하여 처음부터 끝까지 쫄쫄쫄 시냇물 흘러가듯 써내려

가야 할 필요는 없습니다. 반야심경을 쓰다가 특별히 마음에 와닿는 구절이 있으면, 다시 한 번 쓰거나 읽으면서 사색에 잠기는 것도 좋습니다. 이렇게 사경을 하게 되면 반야심경의 내용이 차츰 '나'의 것이 되고, 반야심경의 가르침이 '나'의 것이 되면 업장소멸은 물론이요 대우주 법계의 무량공덕이 저절로 생겨나게 됩니다.

그리고 사경을 하다가 뜻이 분명하지 않은 경우에는 해설서를 읽어 내용을 분명히 이해하는 것이 바람직합니다 (효림출판사에서 발간한 김현준 원장 저서 《생활속의 반야심경》을 참조하는 것도 좋습니다).

④ 그날 해야 할 사경을 마쳤으면 다시 스스로가 만든 '반야심경 사경 발원문'을 세 번 읽고 3배를 드린 다음 사홍서원을 하고,
- 부처님, 관세음보살님. 감사합니다. 감사합니다. 감사합니다.
- 부처님과 관세음보살님을 잘 모시고 살겠습니다. 잘 모시고 살겠습니다. 잘 모시고 살겠습니다.
- 불법승 삼보를 잘 받들며 살겠습니다. 삼보를 잘 받들며 살겠습니다. 삼보를 잘 받들며 살겠습니다.

를 염하며 끝을 맺습니다.

·사경 기간 및 횟수

① 이 사경집은 반야심경을 50번 쓸 수 있도록 엮었습니다. 만약 아주 사소한 소원이라면 50번의 사경으로도 족하겠지만, 적어도 1백번을 쓰는 것이 좋고, 감히 권하고 싶은 횟수는 반야심경을 1천번 사경하는 것입니다.

인쇄한 글씨 위에 억지로 덧입히며 쓰지 않고 자기 필체로 쓰게 되면 한

번 사경에 보통 15분~20분 정도 걸리는데, 하루에 3번씩 쓰면 1년이 채 걸리지 않으며, 하루 10번씩 사경하면 백일 만에 1천 번을 쓸 수 있습니다.

또 삼재 등을 면하고자 하는 경우라면 삼재가 든 3년 동안 하루 1번씩만 사경을 해도 1천번 이상 쓸 수 있습니다.

각자의 원력과 형편에 맞추어 적당히 나누어 쓰도록 하십시오. 단 부처님과의 약속이니 지킬 수 있을 만큼 나누되, 너무 쉬운 쪽만은 택하지 않기를 바랍니다.

② 만약 다른 기도를 하고 있는데 반야심경 사경도 하고 싶다면, 지금하고 있는 기도를 중단하지 말고 형편 따라 조금씩 반야심경을 사경하다가, 다른 기도를 회향한 다음에 본격적으로 반야심경을 사경하는 것도 좋은 방법입니다.

③ 매일 쓰다가 부득이한 일이 발생하여 못 쓰게 될 경우가 있습니다. 그 때는 꼭 부처님께 못 쓰게 된 사정을 고하면서, 마음속으로 '**다음 날 또는 사경 기간을 하루 더 연장하여 반드시 쓰겠다**'고 약속하면 됩니다.

※사경을 할 때는 연필·볼펜 또는 가는 수성펜 등으로 쓰는 것이 좋습니다.
※사경한 다음 어떻게 처리하느냐를 묻는 이들이 많은데, 부처님 복장에 넣는 경우가 아니라면 집에 모셔 두면 됩니다. 정성껏 쓴 사경집을 집안에 두면 붉은이 충만하고 삿된 기운이 침범하지 못하게 됩니다. 책꽂이 중 가장 높은 곳 또는 집안에서 좋다고 생각되는 위치에 두십시오.

여법히 잘 사경하시기를 두 손 모아 축원드립니다. 나무마하반야바라밀.

개법장진언
開法藏眞言

옴 아라남 아라다(3번)

나무마하반야바라밀다심경(3번)

摩訶般若波羅蜜多心經

관자재보살이 깊은 반야바라밀다를 행할 때
觀自在菩薩 行深般若波羅蜜多時

오온이 공한 것을 비추어 보고 온갖 고통에서 건너느니라
照見五蘊皆空 度一切苦厄

사리자여 색이 공과 다르지 않고 공이 색과 다르지 않으며
舍利子 色不異空 空不異色

색이 곧 공이요 공이 곧 색이니
色卽是空 空卽是色

수상행식도 그러하니라
受想行識 亦復如是

사리자여 모든 법은 공하여
舍利子 是諸法空相

나지도 멸하지도 않으며 더럽지도 깨끗하지도 않으며 늘지도 줄지도 않느니라
不生不滅 不垢不淨 不增不減

그러므로 공 가운데는 색이 없고 수상행식도 없으며
是故 空中 無色 無受想行識

안 이 비 설 신 의도 없고 색성향미촉법도 없으며
無眼耳鼻舌身意 無色聲香味觸法

눈의 경계도 의식의 경계까지도 없고
無眼界 乃至 無意識界

무 명 도 무명이 다함까지도 없으며
無無明 亦無無明盡

늙고 죽음도 늙고 죽음이 다함까지도 없고
乃至 無老死 亦無老死盡

고 집 멸 도 도 없 으 며   지 혜 도 얻 음 도 없 느 니 라

無苦集滅道   無智亦無得

얻 을 것 이 없 는 까 닭 에   보 살 은

以無所得故   菩提薩埵

반 야 바 라 밀 다 를   의 지 하 므 로   마 음 에 걸 림 이 없 고

依般若波羅蜜多故   心無罣碍

걸 림 이 없 으 므 로   두 려 움 이 없 어 서

無罣碍故   無有恐怖

뒤 바 뀐 헛 된 생 각 을 멀 리 떠 나   완 전 한 열 반 에 들 어 가 며

遠離顚倒夢想   究竟涅槃

삼 세 의 모 든 부 처 님 도   반 야 바 라 밀 다 를   의 지 하 므 로

三世諸佛   依般若波羅蜜多故

최 상 의   깨 달 음 을   얻 느 니 라

得阿耨多羅三藐三菩提

반 야 바 라 밀 다 는   가 장 신 비 하 고

故知般若波羅蜜多   是大神呪

밝 은 주 문 이 며   위 없 는 주 문 이 며   무 엇 과 도 견 줄 수 없 는 주 문 이 니

是大明呪 是無上呪 是無等等呪

온 갖 괴 로 움 을 없 애 고   진 실 하 여 허 망 하 지 않 음 을 알 지 니 라

能除一切苦   眞實不虛

이 제   반 야 바 라 밀 다 주 를   말 하 리 라

故說般若波羅蜜多呪 卽說呪曰

아제 아제 바라아제 바라승아제 모지 사바하

아제 아제 바라아제 바라승아제 모지 사바하

아제 아제 바라아제 바라승아제 모지 사바하

摩訶般若波羅蜜多心經

관자재보살이　깊은 반야바라밀다를 행할 때
觀自在菩薩 行深般若波羅蜜多時

오온이 공한 것을 비추어 보고　온갖 고통에서 건너느니라
照見五蘊皆空 度一切苦厄

사리자여　색이 공과 다르지 않고　공이 색과 다르지 않으며
舍利子 色不異空 空不異色

색이 곧 공이요　공이 곧 색이니
色卽是空 空卽是色

수상행식도　그러하니라
受想行識 亦復如是

사리자여　모든 법은 공하여
舍利子 是諸法空相

나지도 멸하지도 않으며　더럽지도 깨끗하지도 않으며　늘지도 줄지도 않느니라
不生不滅 不垢不淨 不增不減

그러므로　공 가운데는　색이 없고　수상행식도 없으며
是故 空中 無色 無受想行識

안 이 비 설 신 의 도　없 고　색 성 향 미 촉 법 도　없 으 며
無眼耳鼻舌身意 無色聲香味觸法

눈의 경계도　의식의 경계까지도 없고
無眼界 乃至 無意識界

무 명 도　무명이 다함까지도 없으며
無無明 亦無無明盡

늙 고　죽 음 도　늙고 죽음이 다함까지도 없고
乃至 無老死 亦無老死盡

12

고 집 멸 도 도 없 으 며 　　지혜도 얻음도 없느니라

無苦集滅道　無智亦無得

얻을 것이 없는 까닭에　　　보 살 은

以無所得故　菩提薩埵

반야바라밀다를 의지하므로　　마음에 걸림이 없고

依般若波羅蜜多故　心無罣碍

걸림이 없으므로　　두려움이 없어서

無罣碍故　無有恐怖

뒤바뀐 헛된 생각을 멀리 떠나　　완전한 열반에 들어가며

遠離顚倒夢想　究竟涅槃

삼세의 모든 부처님도　　반야바라밀다를 의지하므로

三世諸佛　依般若波羅蜜多故

최 상 의 　깨 달 음 을 　　얻 느 니 라

得阿耨多羅三藐三菩提

반 야 바 라 밀 다 는 　　가 장 신 비 하 고

故知般若波羅蜜多　是大神呪

밝은 주문이며　　위없는 주문이며　　무엇과도 견줄 수 없는 주문이니

是大明呪　是無上呪　是無等等呪

온갖 괴로움을 없애고　　진실하여 허망하지 않음을 알지니라

能除一切苦　眞實不虛

이 제 　　반야바라밀다주를　　말 하 리 라

故說般若波羅蜜多呪　卽說呪曰

아제 아제 바라아제 바라승아제 모지 사바하

아제 아제 바라아제 바라승아제 모지 사바하

아제 아제 바라아제 바라승아제 모지 사바하

摩訶般若波羅蜜多心經

관자재보살이　　깊은 반야바라밀다를 행할 때
觀自在菩薩 行深般若波羅蜜多時

오온이 공한 것을 비추어 보고　　온갖 고통에서 건너느니라
照見五蘊皆空 度一切苦厄

사리자여　　색이 공과 다르지 않고　　공이 색과 다르지 않으며
舍利子 色不異空 空不異色

색이 곧 공이요　　공이 곧 색이니
色卽是空 空卽是色

수상행식도　　그러하니라
受想行識 亦復如是

사리자여　　모든 법은 공하여
舍利子 是諸法空相

나지도 멸하지도 않으며　더럽지도 깨끗하지도 않으며　늘지도 줄지도 않느니라
不生不滅 不垢不淨 不增不減

그러므로　　공 가운데는　　색이 없고　　수상행식도 없으며
是故 空中 無色 無受想行識

안 이 비 설 신 의 도　　없 고　　색 성 향 미 촉 법 도　　없 으 며
無眼耳鼻舌身意 無色聲香味觸法

눈의 경계도　　의식의 경계까지도 없고
無眼界 乃至 無意識界

무 명 도　　무명이 다함까지도 없으며
無無明 亦無無明盡

늙 고　　죽 음 도　　늙고 죽음이 다함까지도 없고
乃至 無老死 亦無老死盡

고 집 멸 도 도 없으며　　지혜도 얻음도 없느니라
無苦集滅道　無智亦無得

얻을 것이 없는 까닭에　　보 살 은
以無所得故　菩提薩埵

반야바라밀다를　의지하므로　　마음에 걸림이 없고
依般若波羅蜜多故　心無罣碍

걸림이 없으므로　　두려움이 없어서
無罣碍故　無有恐怖

뒤바뀐 헛된 생각을 멀리 떠나　　완전한 열반에 들어가며
遠離顚倒夢想　究竟涅槃

삼세의 모든 부처님도　　반야바라밀다를　의지하므로
三世諸佛　依般若波羅蜜多故

최 상 의　　깨달음을　얻느니라
得阿耨多羅三藐三菩提

반 야 바 라 밀 다 는　　가 장 신 비 하 고
故知般若波羅蜜多　是大神呪

밝은 주문이며　　위없는 주문이며　　무엇과도 견줄 수 없는 주문이니
是大明呪　是無上呪　是無等等呪

온갖 괴로움을 없애고　　진실하여 허망하지 않음을 알지니라
能除一切苦　眞實不虛

이 제　　반 야 바 라 밀 다 주 를　　말 하 리 라
故說般若波羅蜜多呪　卽說呪曰

아제 아제 바라아제 바라승아제 모지 사바하

아제 아제 바라아제 바라승아제 모지 사바하

아제 아제 바라아제 바라승아제 모지 사바하

摩訶般若波羅蜜多心經

관자재보살이　깊은 반야바라밀다를 행할 때
觀自在菩薩 行深般若波羅蜜多時

오온이 공한 것을 비추어 보고　온갖 고통에서 건너느니라
照見五蘊皆空 度一切苦厄

사리자여　색이 공과 다르지 않고　공이 색과 다르지 않으며
舍利子 色不異空 空不異色

색이 곧 공이요　공이 곧 색이니
色卽是空 空卽是色

수상행식도　그러하니라
受想行識 亦復如是

사리자여　모든 법은 공하여
舍利子 是諸法空相

나지도 멸하지도 않으며　더럽지도 깨끗하지도 않으며　늘지도 줄지도 않느니라
不生不滅 不垢不淨 不增不減

그러므로　공 가운데는　색이 없고　수상행식도 없으며
是故 空中 無色 無受想行識

안 이 비 설 신 의 도　없고　색 성 향 미 촉 법도　없으며
無眼耳鼻舌身意 無色聲香味觸法

눈의 경계도　의식의 경계까지도 없고
無眼界 乃至 無意識界

무 명 도　무명이 다함까지도 없으며
無無明 亦無無明盡

늙고　죽음도　늙고 죽음이 다함까지도 없고
乃至 無老死 亦無老死盡

고집멸도도 없으며　　　지혜도 얻음도 없느니라

無苦集滅道　無智亦無得

얻을 것이 없는 까닭에　　　보 살 은

以無所得故　菩提薩埵

반야바라밀다를　의지하므로　마음에 걸림이 없고

依般若波羅蜜多故　心無罣碍

걸림이 없으므로　　두려움이 없어서

無罣碍故　無有恐怖

뒤바뀐 헛된 생각을 멀리 떠나　완전한 열반에 들어가며

遠離顚倒夢想　究竟涅槃

삼세의 모든 부처님도　　반야바라밀다를　의지하므로

三世諸佛　依般若波羅蜜多故

최 상 의　깨달음을　얻느니라

得阿耨多羅三藐三菩提

반 야 바 라 밀 다 는　　가 장 신 비 하 고

故知般若波羅蜜多　是大神呪

밝은 주문이며　위없는 주문이며　무엇과도 견줄 수 없는 주문이니

是大明呪　是無上呪　是無等等呪

온갖 괴로움을 없애고　진실하여 허망하지 않음을 알지니라

能除一切苦　眞實不虛

이 제　반 야 바 라 밀 다 주 를　말 하 리 라

故說般若波羅蜜多呪　卽說呪曰

아제 아제 바라아제 바라승아제 모지 사바하

아제 아제 바라아제 바라승아제 모지 사바하

아제 아제 바라아제 바라승아제 모지 사바하

摩訶般若波羅蜜多心經

관자재보살이　　깊은 반야바라밀다를 행할 때
觀自在菩薩　行深般若波羅蜜多時

오온이 공한 것을 비추어 보고　　온갖 고통에서 건너느니라
照見五蘊皆空　度一切苦厄

사리자여　　색이 공과 다르지 않고　　공이 색과 다르지 않으며
舍利子　色不異空　空不異色

색이 곧 공이요　　공이 곧 색이니
色卽是空　空卽是色

수상행식도　　그러하니라
受想行識　亦復如是

사리자여　　모든 법은 공하여
舍利子　是諸法空相

나지도 멸하지도 않으며　　더럽지도 깨끗하지도 않으며　　늘지도 줄지도 않느니라
不生不滅　不垢不淨　不增不減

그러므로　　공 가운데는　　색이 없고　　수상행식도　　없으며
是故　空中　無色　無受想行識

안 이 비 설 신 의 도　　없고　　색 성 향 미 촉 법 도　　없으며
無眼耳鼻舌身意　無色聲香味觸法

눈의 경계도　　의식의 경계까지도　　없고
無眼界　乃至　無意識界

무 명 도　　무명이 다함까지도 없으며
無無明　亦無無明盡

늙 고　죽 음 도　　늙고 죽음이 다함까지도 없고
乃至　無老死　亦無老死盡

고 집 멸 도 도 없 으 며　　지혜도 얻음도 없느니라
無苦集滅道　　無智亦無得

얻을 것이 없는 까닭에　　보 살 은
以無所得故　　菩提薩埵

반야바라밀다를　의지하므로　　마음에 걸림이 없고
依般若波羅蜜多故　　心無罜碍

걸림이 없으므로　　두려움이 없어서
無罜碍故　　無有恐怖

뒤바뀐 헛된 생각을 멀리 떠나　　완전한 열반에 들어가며
遠離顚倒夢想　　究竟涅槃

삼세의 모든 부처님도　　반야바라밀다를　의지하므로
三世諸佛　　依般若波羅蜜多故

최 상 의　　깨 달 음 을　　얻 느 니 라
得阿耨多羅三藐三菩提

반 야 바 라 밀 다 는　　가 장 신 비 하 고
故知般若波羅蜜多　　是大神呪

밝은 주문이며　　위없는 주문이며　　무엇과도 견줄 수 없는 주문이니
是大明呪　是無上呪　是無等等呪

온갖 괴로움을 없애고　　진실하여 허망하지 않음을 알지니라
能除一切苦　　眞實不虛

이 제　　반 야 바 라 밀 다 주 를　　말 하 리 라
故說般若波羅蜜多呪　即說呪曰

아제 아제 바라아제 바라승아제 모지 사바하

아제 아제 바라아제 바라승아제 모지 사바하

아제 아제 바라아제 바라승아제 모지 사바하

摩訶般若波羅蜜多心經

관자재보살이　깊은 반야바라밀다를 행할 때
觀自在菩薩　行深般若波羅蜜多時

오온이 공한 것을 비추어 보고　온갖 고통에서 건너느니라
照見五蘊皆空　度一切苦厄

사리자여　색이 공과 다르지 않고　공이 색과 다르지 않으며
舍利子　色不異空　空不異色

색이 곧 공이요　공이 곧 색이니
色卽是空　空卽是色

수 상 행 식 도　그 러 하 니 라
受想行識　亦復如是

사 리 자 여　모든 법은 공하여
舍利子　是諸法空相

나지도 멸하지도 않으며　더럽지도 깨끗하지도 않으며　늘지도 줄지도 않느니라
不生不滅　不垢不淨　不增不減

그러므로　공 가운데는　색이 없고　수상행식도　없으며
是故　空中　無色　無受想行識

안 이 비 설 신 의 도　없 고　색 성 향 미 촉 법 도　없 으 며
無眼耳鼻舌身意　無色聲香味觸法

눈의 경계도　의식의 경계까지도 없고
無眼界　乃至　無意識界

무 명 도　무명이 다함까지도 없으며
無無明　亦無無明盡

늙 고　죽 음 도　늙고 죽음이 다함까지도 없고
乃至　無老死　亦無老死盡

고 집 멸 도 도 없으며 　　지혜도 얻음도 없느니라
無苦集滅道　　無智亦無得

얻을 것이 없는 까닭에 　　보 살 은
以無所得故　　菩提薩埵

반야바라밀다를 　의지하므로 　　마음에 걸림이 없고
依般若波羅蜜多故　　心無罣碍

걸림이 없으므로 　　두려움이 없어서
無罣碍故　　無有恐怖

뒤바뀐 헛된 생각을 멀리 떠나 　　완전한 열반에 들어가며
遠離顚倒夢想　　究竟涅槃

삼세의 모든 부처님도 　　반야바라밀다를 　의지하므로
三世諸佛　　依般若波羅蜜多故

최 상 의 　깨 달 음 을 　　얻 느 니 라
得阿耨多羅三藐三菩提

반 야 바 라 밀 다 는 　　가 장 신 비 하 고
故知般若波羅蜜多　　是大神呪

밝 은 주 문 이 며 　위없는 주문이며 　무엇과도 견줄 수 없는 주문이니
是大明呪　是無上呪　是無等等呪

온갖 괴로움을 없애고 　진실하여 허망하지 않음을 알지니라
能除一切苦　　眞實不虛

이 제 　반 야 바 라 밀 다 주 를 　말 하 리 라
故說般若波羅蜜多呪　即說呪曰

아제 아제 바라아제 바라승아제 모지 사바하

아제 아제 바라아제 바라승아제 모지 사바하

아제 아제 바라아제 바라승아제 모지 사바하

摩訶般若波羅蜜多心經

관자재보살이　깊은 반야바라밀다를 행할 때
觀自在菩薩 行深般若波羅蜜多時

오온이 공한 것을 비추어 보고　온갖 고통에서 건너느니라
照見五蘊皆空 度一切苦厄

사리자여　색이 공과 다르지 않고　공이 색과 다르지 않으며
舍利子 色不異空 空不異色

색이 곧 공이요　공이 곧 색이니
色即是空 空即是色

수상행식도　그러하니라
受想行識 亦復如是

사리자여　모든 법은 공하여
舍利子 是諸法空相

나지도 멸하지도 않으며　더럽지도 깨끗하지도 않으며　늘지도 줄지도 않느니라
不生不滅 不垢不淨 不增不減

그러므로　공 가운데는　색이 없고　수상행식도 없으며
是故 空中 無色 無受想行識

안 이 비 설 신 의 도　없고　색 성 향 미 촉 법 도　없으며
無眼耳鼻舌身意 無色聲香味觸法

눈의 경계도　의식의 경계까지도 없고
無眼界 乃至 無意識界

무명도　무명이 다함까지도 없으며
無無明 亦無無明盡

늙고 죽음도　늙고 죽음이 다함까지도 없고
乃至 無老死 亦無老死盡

고집멸도도 없으며　　지혜도 얻음도 없느니라
無苦集滅道　　無智亦無得
얻을 것이 없는 까닭에　　보　살　은
以無所得故　　菩提薩埵
반야바라밀다를　의지하므로　　마음에 걸림이 없고
依般若波羅蜜多故　　心無罣碍
걸림이 없으므로　　두려움이 없어서
無罣碍故　　無有恐怖
뒤바뀐 헛된 생각을 멀리 떠나　　완전한 열반에 들어가며
遠離顛倒夢想　　究竟涅槃
삼세의 모든 부처님도　　반야바라밀다를　의지하므로
三世諸佛　　依般若波羅蜜多故
최상의　깨달음을　얻느니라
得阿耨多羅三藐三菩提
반　야　바　라　밀　다　는　　가장　신비하고
故知般若波羅蜜多　　是大神呪
밝은　주문이며　　위없는　주문이며　　무엇과도 견줄 수 없는 주문이니
是大明呪　是無上呪　是無等等呪
온갖 괴로움을 없애고　　진실하여 허망하지 않음을 알지니라
能除一切苦　　眞實不虛
이제　　반야바라밀다주를　　말　하　리　라
故說般若波羅蜜多呪　　卽說呪曰
아제 아제 바라아제 바라승아제 모지 사바하
아제 아제 바라아제 바라승아제 모지 사바하
아제 아제 바라아제 바라승아제 모지 사바하

摩訶般若波羅蜜多心經

관자재보살이　깊은 반야바라밀다를 행할 때
觀自在菩薩 行深般若波羅蜜多時

오온이 공한 것을 비추어 보고　온갖 고통에서 건너느니라
照見五蘊皆空 度一切苦厄

사리자여　색이 공과 다르지 않고　공이 색과 다르지 않으며
舍利子 色不異空 空不異色

색이 곧 공이요　공이 곧 색이니
色卽是空 空卽是色

수상행식도　그러하니라
受想行識 亦復如是

사리자여　모든 법은 공하여
舍利子 是諸法空相

나지도 멸하지도 않으며　더럽지도 깨끗하지도 않으며　늘지도 줄지도 않느니라
不生不滅 不垢不淨 不增不減

그러므로　공 가운데는　색이 없고　수상행식도 없으며
是故 空中 無色 無受想行識

안 이 비 설 신 의 도　없고　색성향미촉법도　없으며
無眼耳鼻舌身意 無色聲香味觸法

눈의 경계도　의식의 경계까지도　없고
無眼界 乃至 無意識界

무 명 도　무명이 다함까지도 없으며
無無明 亦無無明盡

늙 고　죽 음 도　늙고 죽음이 다함까지도 없고
乃至 無老死 亦無老死盡

고 집 멸 도 도 없 으 며　　　지혜도 얻음도 없느니라
無苦集滅道　　無智亦無得

얻을 것이 없는 까닭에　　　　　보 살 은
以無所得故　　菩提薩埵

반야바라밀다를 의지하므로　　마음에 걸림이 없고
依般若波羅蜜多故　心無罣碍

걸림이 없으므로　　　두려움이 없어서
無罣碍故　　無有恐怖

뒤바뀐 헛된 생각을 멀리 떠나　　완전한 열반에 들어가며
遠離顚倒夢想　　究竟涅槃

삼세의 모든 부처님도　　반 야 바 라 밀 다 를　의 지 하 므 로
三世諸佛　　依般若波羅蜜多故

최 상 의　　깨 달 음 을　　얻 느 니 라
得阿耨多羅三藐三菩提

반 야 바 라 밀 다 는　　　가 장　신 비 하 고
故知般若波羅蜜多　　是大神呪

밝은 주문이며　　위없는 주문이며　　무엇과도 견줄 수 없는 주문이니
是大明呪　是無上呪　是無等等呪

온갖 괴로움을 없애고　　진실하여 허망하지 않음을 알지니라
能除一切苦　　眞實不虛

이 제　　반 야 바 라 밀 다 주 를　　말 하 리 라
故說般若波羅蜜多呪　卽說呪曰

아제 아제 바라아제 바라승아제 모지 사바하

아제 아제 바라아제 바라승아제 모지 사바하

아제 아제 바라아제 바라승아제 모지 사바하

摩訶般若波羅蜜多心經

관자재보살이　　깊은 반야바라밀다를 행할 때
觀自在菩薩 行深般若波羅蜜多時

오온이 공한 것을 비추어 보고　　온갖 고통에서 건너느니라
照見五蘊皆空 度一切苦厄

사리자여　　색이 공과 다르지 않고　　공이 색과 다르지 않으며
舍利子 色不異空 空不異色

색이 곧 공이요　　공이 곧 색이니
色卽是空 空卽是色

수 상 행 식 도　　그 러 하 니 라
受想行識 亦復如是

사리자여　　모든 법은 공하여
舍利子 是諸法空相

나지도 멸하지도 않으며　더럽지도 깨끗하지도 않으며　늘지도 줄지도 않느니라
不生不滅 不垢不淨 不增不減

그러므로　공 가운데는　색이 없고　수상행식도 없으며
是故 空中 無色 無受想行識

안 이 비 설 신 의 도　없 고　색 성 향 미 촉 법 도　없 으 며
無眼耳鼻舌身意 無色聲香味觸法

눈의 경계도　　의식의 경계까지도 없고
無眼界 乃至 無意識界

무 명 도　　무명이 다함까지도 없으며
無無明 亦無無明盡

늙 고　　죽 음 도　　늙고 죽음이 다함까지도 없고
乃至 無老死 亦無老死盡

고 집 멸 도 도 없 으 며   지 혜 도 얻 음 도 없 느 니 라

無苦集滅道　　無智亦無得

얻 을 것 이 없 는 까 닭 에   보 살 은

以無所得故　　菩提薩埵

반 야 바 라 밀 다 를 의 지 하 므 로   마 음 에 걸 림 이 없 고

依般若波羅蜜多故　心無罣碍

걸 림 이 없 으 므 로   두 려 움 이 없 어 서

無罣碍故　　無有恐怖

뒤 바 뀐 헛 된 생 각 을 멀 리 떠 나   완 전 한 열 반 에 들 어 가 며

遠離顚倒夢想　　究竟涅槃

삼 세 의 모 든 부 처 님 도   반 야 바 라 밀 다 를 의 지 하 므 로

三世諸佛　依般若波羅蜜多故

최 상 의 　 깨 달 음 을 　 얻 느 니 라

得阿耨多羅三藐三菩提

반 야 바 라 밀 다 는 　 가 장 신 비 하 고

故知般若波羅蜜多　是大神呪

밝 은 주 문 이 며 　 위 없 는 주 문 이 며 　 무 엇 과 도 견 줄 수 없 는 주 문 이 니

是大明呪　是無上呪　是無等等呪

온 갖 괴 로 움 을 없 애 고 　 진 실 하 여 허 망 하 지 않 음 을 알 지 니 라

能除一切苦　　眞實不虛

이 제 　 반 야 바 라 밀 다 주 를 　 말 하 리 라

故說般若波羅蜜多呪　卽說呪曰

아 제 아 제 바 라 아 제 바 라 승 아 제 모 지 사 바 하

아 제 아 제 바 라 아 제 바 라 승 아 제 모 지 사 바 하

아 제 아 제 바 라 아 제 바 라 승 아 제 모 지 사 바 하

摩訶般若波羅蜜多心經

관자재보살이 깊은 반야바라밀다를 행할 때
觀自在菩薩 行深般若波羅蜜多時

오온이 공한 것을 비추어 보고 온갖 고통에서 건너느니라
照見五蘊皆空 度一切苦厄

사리자여 색이 공과 다르지 않고 공이 색과 다르지 않으며
舍利子 色不異空 空不異色

색이 곧 공이요 공이 곧 색이니
色卽是空 空卽是色

수 상 행 식 도 그 러 하 니 라
受想行識 亦復如是

사리자여 모든 법은 공하여
舍利子 是諸法空相

나지도 멸하지도 않으며 더럽지도 깨끗하지도 않으며 늘지도 줄지도 않느니라
不生不滅 不垢不淨 不增不減

그러므로 공 가운데는 색이 없고 수상행식도 없으며
是故 空中 無色 無受想行識

안 이 비 설 신 의 도 없 고 색 성 향 미 촉 법 도 없 으 며
無眼耳鼻舌身意 無色聲香味觸法

눈의 경계도 의식의 경계까지도 없고
無眼界 乃至 無意識界

무명도 무명이 다함까지도 없으며
無無明 亦無無明盡

늙고 죽음도 늙고 죽음이 다함까지도 없고
乃至 無老死 亦無老死盡

고 집 멸 도 도   없 으 며   지 혜 도 얻 음 도 없 느 니 라

無苦集滅道　無智亦無得

얻 을 것 이 없 는 까 닭 에   보 살 은

以無所得故　菩提薩埵

반 야 바 라 밀 다 를   의 지 하 므 로   마 음 에 걸 림 이 없 고

依般若波羅蜜多故　心無罣碍

걸 림 이 없 으 므 로   두 려 움 이 없 어 서

無罣碍故　無有恐怖

뒤 바 뀐 헛 된 생 각 을 멀 리 떠 나   완 전 한 열 반 에 들 어 가 며

遠離顚倒夢想　究竟涅槃

삼 세 의 모 든 부 처 님 도   반 야 바 라 밀 다 를   의 지 하 므 로

三世諸佛　依般若波羅蜜多故

최 상 의   깨 달 음 을   얻 느 니 라

得阿耨多羅三藐三菩提

반 야 바 라 밀 다 는   가 장 신 비 하 고

故知般若波羅蜜多　是大神呪

밝 은 주 문 이 며   위 없 는 주 문 이 며   무 엇 과 도 견 줄 수 없 는 주 문 이 니

是大明呪　是無上呪　是無等等呪

온 갖 괴 로 움 을 없 애 고   진 실 하 여 허 망 하 지 않 음 을 알 지 니 라

能除一切苦　眞實不虛

이 제   반 야 바 라 밀 다 주 를   말 하 리 라

故說般若波羅蜜多呪　卽說呪曰

아제 아제 바라아제 바라승아제 모지 사바하

아제 아제 바라아제 바라승아제 모지 사바하

아제 아제 바라아제 바라승아제 모지 사바하

摩訶般若波羅蜜多心經

관자재보살이　　깊은 반야바라밀다를 행할 때
觀自在菩薩 行深般若波羅蜜多時

오온이 공한 것을 비추어 보고　　온갖 고통에서 건너느니라
照見五蘊皆空 度一切苦厄

사리자여　　색이 공과 다르지 않고　　공이 색과 다르지 않으며
舍利子 色不異空 空不異色

색이 곧 공이요　　공이 곧 색이니
色卽是空 空卽是色

수상행식도　　그러하니라
受想行識 亦復如是

사리자여　　모든 법은 공하여
舍利子 是諸法空相

나지도 멸하지도 않으며　더럽지도 깨끗하지도 않으며　늘지도 줄지도 않느니라
不生不滅 不垢不淨 不增不減

그러므로　공 가운데는　색이 없고　수상행식도 없으며
是故 空中 無色 無受想行識

안 이 비 설 신 의 도　없고　색 성 향 미 촉 법 도　없으며
無眼耳鼻舌身意 無色聲香味觸法

눈의 경계도　　의식의 경계까지도　없고
無眼界 乃至 無意識界

무 명 도　　무명이 다함까지도 없으며
無無明 亦無無明盡

늙고　죽음도　늙고 죽음이 다함까지도 없고
乃至 無老死 亦無老死盡

고 집 멸 도 도 없으며　　　지혜도 얻음도 없느니라
無苦集滅道　　無智亦無得

얻을 것이 없는 까닭에　　　보 살 은
以無所得故　　菩提薩埵

반야바라밀다를　의지하므로　　마음에 걸림이 없고
依般若波羅蜜多故　心無罣碍

걸림이 없으므로　　두려움이 없어서
無罣碍故　　無有恐怖

뒤바뀐 헛된 생각을 멀리 떠나　　완전한 열반에 들어가며
遠離顚倒夢想　　究竟涅槃

삼세의 모든 부처님도　　반야바라밀다를　의지하므로
三世諸佛　　依般若波羅蜜多故

최 상 의　깨 달 음 을　　얻 느 니 라
得阿耨多羅三藐三菩提

반 야 바 라 밀 다 는　　　가 장　신 비 하 고
故知般若波羅蜜多　　是大神呪

밝은　주문이며　　위없는　주문이며　　무엇과도 견줄 수 없는 주문이니
是大明呪　是無上呪　是無等等呪

온갖 괴로움을 없애고　　진실하여 허망하지 않음을 알지니라
能除一切苦　　眞實不虛

이 제　　반 야 바 라 밀 다 주 를　　말 하 리 라
故說般若波羅蜜多呪　卽說呪曰

아제 아제 바라아제 바라승아제 모지 사바하

아제 아제 바라아제 바라승아제 모지 사바하

아제 아제 바라아제 바라승아제 모지 사바하

摩訶般若波羅蜜多心經

관자재보살이　　깊은 반야바라밀다를 행할 때
觀自在菩薩　行深般若波羅蜜多時

오온이 공한 것을 비추어 보고　　온갖 고통에서 건너느니라
照見五蘊皆空　度一切苦厄

사리자여　　색이 공과 다르지 않고　　공이 색과 다르지 않으며
舍利子　色不異空　空不異色

색이 곧 공이요　　공이 곧 색이니
色卽是空　空卽是色

수상행식도　　그러하니라
受想行識　亦復如是

사리자여　　모든 법은 공하여
舍利子　是諸法空相

나지도 멸하지도 않으며　더럽지도 깨끗하지도 않으며　늘지도 줄지도 않느니라
不生不滅　不垢不淨　不增不減

그러므로　공 가운데는　색이 없고　수상행식도 없으며
是故　空中　無色　無受想行識

안 이 비 설 신 의 도　없 고　색 성 향 미 촉 법 도　없 으 며
無眼耳鼻舌身意　無色聲香味觸法

눈의 경계도　　의식의 경계까지도 없고
無眼界　乃至　無意識界

무 명 도　무명이 다함까지도 없으며
無無明　亦無無明盡

늙 고　죽 음 도　늙고 죽음이 다함까지도 없고
乃至　無老死　亦無老死盡

고 집 멸 도 도　없 으 며　　지 혜 도　얻 음 도　없 느 니 라
無苦集滅道　無智亦無得

얻 을 것 이 없 는　까 닭 에　　보　살　은
以無所得故　菩提薩埵

반 야 바 라 밀 다 를　의 지 하 므 로　마 음 에　걸 림 이　없 고
依般若波羅蜜多故　心無罣碍

걸 림 이　없 으 므 로　　두 려 움 이　없 어 서
無罣碍故　無有恐怖

뒤 바 뀐 헛 된 생 각 을 멀 리 떠 나　완 전 한　열 반 에　들 어 가 며
遠離顚倒夢想　究竟涅槃

삼 세 의 모 든 부 처 님 도　반 야 바 라 밀 다 를　의 지 하 므 로
三世諸佛　依般若波羅蜜多故

최 상 의　깨 달 음 을　얻 느 니 라
得阿耨多羅三藐三菩提

반　야　바　라　밀 다　는　가 장　신 비 하 고
故知般若波羅蜜多　是大神呪

밝 은　주 문 이 며　위 없 는　주 문 이 며　무 엇 과 도 견 줄 수 없 는 주 문 이 니
是大明呪　是無上呪　是無等等呪

온 갖 괴 로 움 을 없 애 고　진 실 하 여 허 망 하 지 않 음 을 알 지 니 라
能除一切苦　眞實不虛

이 제　반 야 바 라 밀 다 주 를　말 하 리 라
故說般若波羅蜜多呪　卽說呪曰

아 제 아 제 바 라 아 제 바 라 승 아 제 모 지 사 바 하

아 제 아 제 바 라 아 제 바 라 승 아 제 모 지 사 바 하

아 제 아 제 바 라 아 제 바 라 승 아 제 모 지 사 바 하

摩訶般若波羅蜜多心經

관자재보살이　깊은 반야바라밀다를 행할 때
觀自在菩薩 行深般若波羅蜜多時

오온이 공한 것을 비추어 보고　온갖 고통에서 건너느니라
照見五蘊皆空 度一切苦厄

사리자여　색이 공과 다르지 않고　공이 색과 다르지 않으며
舍利子 色不異空 空不異色

색이 곧 공이요　공이 곧 색이니
色卽是空 空卽是色

수상행식도　그러하니라
受想行識 亦復如是

사리자여　모든 법은 공하여
舍利子 是諸法空相

나지도 멸하지도 않으며　더럽지도 깨끗하지도 않으며　늘지도 줄지도 않느니라
不生不滅 不垢不淨 不增不減

그러므로　공 가운데는　색이 없고　수상행식도 없으며
是故 空中 無色 無受想行識

안 이 비 설 신 의 도　없고　색 성 향 미 촉 법 도　없으며
無眼耳鼻舌身意 無色聲香味觸法

눈의 경계도　의식의 경계까지도 없고
無眼界 乃至 無意識界

무명도　무명이 다함까지도 없으며
無無明 亦無無明盡

늙고　죽음도　늙고 죽음이 다함까지도 없고
乃至 無老死 亦無老死盡

고집멸도도 없으며　　　지혜도 얻음도 없느니라
無苦集滅道　　無智亦無得

얻을 것이 없는 까닭에　　　보 살 은
以無所得故　　菩提薩埵

반야바라밀다를　　의지하므로　　마음에 걸림이 없고
依般若波羅蜜多故　心無罣碍

걸림이 없으므로　　두려움이 없어서
無罣碍故　　無有恐怖

뒤바뀐 헛된 생각을 멀리 떠나　　완전한 열반에 들어가며
遠離顚倒夢想　　究竟涅槃

삼세의 모든 부처님도　　반야바라밀다를　의지하므로
三世諸佛　　依般若波羅蜜多故

최상의　　깨달음을　　얻느니라
得阿耨多羅三藐三菩提

반 야 바 라 밀 다 는　　가장 신비하고
故知般若波羅蜜多　　是大神呪

밝은 주문이며　　위없는 주문이며　무엇과도 견줄 수 없는 주문이니
是大明呪　是無上呪　是無等等呪

온갖 괴로움을 없애고　　진실하여 허망하지 않음을 알지니라
能除一切苦　　眞實不虛

이제　　반 야 바 라 밀 다 주 를　　말 하 리 라
故說般若波羅蜜多呪　卽說呪曰

아제 아제 바라아제 바라승아제 모지 사바하

아제 아제 바라아제 바라승아제 모지 사바하

아제 아제 바라아제 바라승아제 모지 사바하

摩訶般若波羅蜜多心經

관자재보살이 　 깊은 반야바라밀다를 행할 때
觀自在菩薩 行深般若波羅蜜多時

오온이 공한 것을 비추어 보고 　 온갖 고통에서 건너느니라
照見五蘊皆空 度一切苦厄

사리자여 　 색이 공과 다르지 않고 　 공이 색과 다르지 않으며
舍利子 色不異空 空不異色

색이 곧 공이요 　 공이 곧 색이니
色卽是空 空卽是色

수상행식도 　 그러하니라
受想行識 亦復如是

사리자여 　 모든 법은 공하여
舍利子 是諸法空相

나지도 멸하지도 않으며 　 더럽지도 깨끗하지도 않으며 　 늘지도 줄지도 않느니라
不生不滅 不垢不淨 不增不減

그러므로 　 공 가운데는 　 색이 없고 　 수상행식도 없으며
是故 空中 無色 無受想行識

안 이 비 설 신 의 도 　 없고 　 색성향미촉법도 없으며
無眼耳鼻舌身意 無色聲香味觸法

눈의 경계도 　 의식의 경계까지도 없고
無眼界 乃至 無意識界

무명도 　 무명이 다함까지도 없으며
無無明 亦無無明盡

늙고 죽음도 　 늙고 죽음이 다함까지도 없고
乃至 無老死 亦無老死盡

고집멸도도 없으며　　　지혜도 얻음도 없느니라
無苦集滅道　　無智亦無得

얻을 것이 없는 까닭에　　　　보 살 은
以無所得故　　菩提薩埵

반야바라밀다를　의지하므로　　마음에 걸림이 없고
依般若波羅蜜多故　　心無罣碍

걸림이 없으므로　　두려움이 없어서
無罣碍故　　無有恐怖

뒤바뀐 헛된 생각을 멀리 떠나　　완전한 열반에 들어가며
遠離顚倒夢想　　究竟涅槃

삼세의 모든 부처님도　　반야바라밀다를　의지하므로
三世諸佛　　依般若波羅蜜多故

최 상 의　　깨 달 음 을　　얻 느 니 라
得阿耨多羅三藐三菩提

반 야 바 라 밀 다 는　　　가 장 신 비 하 고
故知般若波羅蜜多　　是大神呪

밝 은 주 문 이 며　　위 없 는 주 문 이 며　　무엇과도 견줄 수 없는 주문이니
是大明呪 是無上呪 是無等等呪

온 갖 괴 로 움 을 없 애 고　　진실하여 허망하지 않음을 알지니라
能除一切苦　　眞實不虛

이 제　　반 야 바 라 밀 다 주 를　　말 하 리 라
故說般若波羅蜜多呪　卽說呪曰

아제 아제 바라아제 바라승아제 모지 사바하

아제 아제 바라아제 바라승아제 모지 사바하

아제 아제 바라아제 바라승아제 모지 사바하

摩訶般若波羅蜜多心經

관자재보살이　깊은　반야바라밀다를　행할때
觀自在菩薩　行深般若波羅蜜多時

오온이 공한 것을 비추어 보고　　온갖 고통에서 건너느니라
照見五蘊皆空　度一切苦厄

사리자여　색이 공과 다르지 않고　공이 색과 다르지 않으며
舍利子　色不異空　空不異色

색이 곧 공이요　공이 곧 색이니
色卽是空　空卽是色

수상행식도　그러하니라
受想行識　亦復如是

사리자여　모든 법은 공하여
舍利子　是諸法空相

나지도 멸하지도 않으며　더럽지도 깨끗하지도 않으며　늘지도 줄지도 않느니라
不生不滅　不垢不淨　不增不減

그러므로　공가운데는　색이없고　수상행식도　없으며
是故　空中　無色　無受想行識

안이비설신의도　없고　색성향미촉법도　없으며
無眼耳鼻舌身意　無色聲香味觸法

눈의 경계도　의식의 경계까지도　없고
無眼界　乃至　無意識界

무명도　무명이 다함까지도 없으며
無無明　亦無無明盡

늙고　죽음도　늙고 죽음이 다함까지도 없고
乃至　無老死　亦無老死盡

고집멸도도 없으며   지혜도 얻음도 없느니라

無苦集滅道   無智亦無得

얻을 것이 없는 까닭에   보 살 은

以無所得故   菩提薩埵

반야바라밀다를 의지하므로   마음에 걸림이 없고

依般若波羅蜜多故   心無罣碍

걸림이 없으므로   두려움이 없어서

無罣碍故   無有恐怖

뒤바뀐 헛된 생각을 멀리 떠나   완전한 열반에 들어가며

遠離顚倒夢想   究竟涅槃

삼세의 모든 부처님도   반야바라밀다를 의지하므로

三世諸佛   依般若波羅蜜多故

최상의 깨달음을 얻느니라

得阿耨多羅三藐三菩提

반야바라밀다는   가장 신비하고

故知般若波羅蜜多   是大神呪

밝은 주문이며   위없는 주문이며   무엇과도 견줄 수 없는 주문이니

是大明呪 是無上呪 是無等等呪

온갖 괴로움을 없애고   진실하여 허망하지 않음을 알지니라

能除一切苦   眞實不虛

이제 반야바라밀다주를 말하리라

故說般若波羅蜜多呪   卽說呪曰

아제 아제 바라아제 바라승아제 모지 사바하

아제 아제 바라아제 바라승아제 모지 사바하

아제 아제 바라아제 바라승아제 모지 사바하

摩訶般若波羅蜜多心經

관자재보살이　깊은 반야바라밀다를 행할 때
觀自在菩薩 行深般若波羅蜜多時

오온이 공한 것을 비추어 보고　온갖 고통에서 건너느니라
照見五蘊皆空 度一切苦厄

사리자여　색이 공과 다르지 않고　공이 색과 다르지 않으며
舍利子 色不異空 空不異色

색이 곧 공이요　공이 곧 색이니
色卽是空 空卽是色

수상행식도　그러하니라
受想行識 亦復如是

사리자여　모든 법은 공하여
舍利子 是諸法空相

나지도 멸하지도 않으며　더럽지도 깨끗하지도 않으며　늘지도 줄지도 않느니라
不生不滅 不垢不淨 不增不減

그러므로　공 가운데는　색이 없고　수상행식도 없으며
是故 空中 無色 無受想行識

안 이 비 설 신 의도　없고　색 성 향 미 촉 법도　없으며
無眼耳鼻舌身意 無色聲香味觸法

눈의 경계도　의식의 경계까지도 없고
無眼界 乃至 無意識界

무 명 도　무명이 다함까지도 없으며
無無明 亦無無明盡

늙 고　죽 음 도　늙고 죽음이 다함까지도 없고
乃至 無老死 亦無老死盡

고 집 멸 도 도 없 으 며 　 　 지혜도 얼음도 없느니라
無苦集滅道 　 無智亦無得

얻을 것이 없는 까닭에 　 　 보 살 은
以無所得故 　 菩提薩埵

반 야 바 라 밀 다 를 　 의 지 하 므 로 　 　 마음에 걸림이 없고
依般若波羅蜜多故 　 心無罣碍

걸림이 없으므로 　 　 두려움이 없어서
無罣碍故 　 無有恐怖

뒤바뀐 헛된 생각을 멀리 떠나 　 　 완전한 열반에 들어가며
遠離顚倒夢想 　 究竟涅槃

삼세의 모든 부처님도 　 　 반 야 바 라 밀 다 를 　 의 지 하 므 로
三世諸佛 　 依般若波羅蜜多故

최 상 의 　 깨 달 음 을 　 얻 느 니 라
得阿耨多羅三藐三菩提

반 야 바 라 밀 다 는 　 　 가 장 　 신 비 하 고
故知般若波羅蜜多 　 是大神呪

밝 은 　 주 문 이 며 　 위 없 는 　 주 문 이 며 　 무엇과도 견줄 수 없는 주문이니
是大明呪 　 是無上呪 　 是無等等呪

온 갖 　 괴 로 움 을 　 없 애 고 　 진실하여 허망하지 않음을 알지니라
能除一切苦 　 眞實不虛

이 제 　 반 야 바 라 밀 다 주 를 　 말 하 리 라
故說般若波羅蜜多呪 　 卽說呪曰

아제 아제 바라아제 바라승아제 모지 사바하

아제 아제 바라아제 바라승아제 모지 사바하

아제 아제 바라아제 바라승아제 모지 사바하

摩訶般若波羅蜜多心經

관자재보살이　깊은 반야바라밀다를 행할 때
觀自在菩薩　行深般若波羅蜜多時

오온이 공한 것을 비추어 보고　온갖 고통에서 건너느니라
照見五蘊皆空　度一切苦厄

사리자여　색이 공과 다르지 않고　공이 색과 다르지 않으며
舍利子　色不異空　空不異色

색이 곧 공이요　공이 곧 색이니
色卽是空　空卽是色

수상행식도　그러하니라
受想行識　亦復如是

사리자여　모든 법은 공하여
舍利子　是諸法空相

나지도 멸하지도 않으며　더럽지도 깨끗하지도 않으며　늘지도 줄지도 않느니라
不生不滅　不垢不淨　不增不減

그러므로　공 가운데는　색이 없고　수상행식도 없으며
是故　空中　無色　無受想行識

안 이 비 설 신 의 도　없고　색 성 향 미 촉 법 도　없으며
無眼耳鼻舌身意　無色聲香味觸法

눈의 경계도　의식의 경계까지도 없고
無眼界　乃至　無意識界

무 명 도　무명이 다함까지도 없으며
無無明　亦無無明盡

늙고　죽음도　늙고 죽음이 다함까지도 없고
乃至　無老死　亦無老死盡

고 집 멸 도 도 없으며　　지혜도 얻음도 없느니라

無苦集滅道　　無智亦無得

얻을 것이 없는 까닭에　　보　살　은

以無所得故　　菩提薩埵

반야바라밀다를 의지하므로　　마음에 걸림이 없고

依般若波羅蜜多故　　心無罣碍

걸림이 없으므로　　두려움이 없어서

無罣碍故　　無有恐怖

뒤바뀐 헛된 생각을 멀리 떠나　　완전한 열반에 들어가며

遠離顚倒夢想　　究竟涅槃

삼세의 모든 부처님도　　반야바라밀다를 의지하므로

三世諸佛　　依般若波羅蜜多故

최 상 의　　깨 달 음 을　　얻 느 니 라

得阿耨多羅三藐三菩提

반 야 바 라 밀 다 는　　가 장 신 비 하 고

故知般若波羅蜜多　　是大神呪

밝은 주문이며　　위없는 주문이며　　무엇과도 견줄 수 없는 주문이니

是大明呪　是無上呪　是無等等呪

온갖 괴로움을 없애고　　진실하여 허망하지 않음을 알지니라

能除一切苦　　眞實不虛

이 제　　반 야 바 라 밀 다 주 를　　말 하 리 라

故說般若波羅蜜多呪　卽說呪曰

아제 아제 바라아제 바라승아제 모지 사바하

아제 아제 바라아제 바라승아제 모지 사바하

아제 아제 바라아제 바라승아제 모지 사바하

摩訶般若波羅蜜多心經

관 자 재 보 살 이 　　깊은 반야바라밀다를 행할 때
觀自在菩薩 行深般若波羅蜜多時

오온이 공한 것을 비추어 보고 　　온갖 고통에서 건너느니라
照見五蘊皆空 度一切苦厄

사 리 자 여 　　색이 공과 다르지 않고 　　공이 색과 다르지 않으며
舍利子 色不異空 空不異色

색 이 곧 공 이 요 　　공 이 곧 색 이 니
色卽是空 空卽是色

수 상 행 식 도 　　그 러 하 니 라
受想行識 亦復如是

사 리 자 여 　　모 든 법 은 공 하 여
舍利子 是諸法空相

나지도 멸하지도 않으며 　더럽지도 깨끗하지도 않으며 　늘지도 줄지도 않느니라
不生不滅 不垢不淨 不增不減

그러므로 　공 가운데는 　색이 없고 　수 상 행 식 도 없 으 며
是故 空中 無色 無受想行識

안 이 비 설 신 의 도 　없 고 　색 성 향 미 촉 법 도 　없 으 며
無眼耳鼻舌身意 無色聲香味觸法

눈 의 경 계 도 　　의 식 의 경 계 까 지 도 　없 고
無眼界 乃至 無意識界

무 명 도 　　무 명 이 다 함 까 지 도 없 으 며
無無明 亦無無明盡

늙 고 　죽 음 도 　　늙 고 죽 음 이 다 함 까 지 도 없 고
乃至 無老死 亦無老死盡

44

고집멸도도 없으며　　지혜도 얻음도 없느니라
無苦集滅道　無智亦無得

얻을 것이 없는 까닭에　　보　살　은
以無所得故　菩提薩埵

반야바라밀다를　의지하므로　　마음에 걸림이 없고
依般若波羅蜜多故　心無罣碍

걸림이 없으므로　　두려움이 없어서
無罣碍故　無有恐怖

뒤바뀐 헛된 생각을 멀리 떠나　　완전한 열반에 들어가며
遠離顚倒夢想　究竟涅槃

삼세의 모든 부처님도　　반야바라밀다를　의지하므로
三世諸佛　依般若波羅蜜多故

최상의　깨달음을　얻느니라
得阿耨多羅三藐三菩提

반　야　바　라　밀　다　는　　가장 신비하고
故知般若波羅蜜多　是大神呪

밝은 주문이며　위없는 주문이며　무엇과도 견줄 수 없는 주문이니
是大明呪　是無上呪　是無等等呪

온갖 괴로움을 없애고　진실하여 허망하지 않음을 알지니라
能除一切苦　眞實不虛

이제　반야바라밀다주를　말하리라
故說般若波羅蜜多呪　卽說呪曰

아제 아제 바라아제 바라승아제 모지 사바하

아제 아제 바라아제 바라승아제 모지 사바하

아제 아제 바라아제 바라승아제 모지 사바하

摩訶般若波羅蜜多心經

관자재보살이　깊은 반야바라밀다를 행할 때
觀自在菩薩　行深般若波羅蜜多時

오온이 공한 것을 비추어 보고　온갖 고통에서 건너느니라
照見五蘊皆空　度一切苦厄

사리자여　색이 공과 다르지 않고　공이 색과 다르지 않으며
舍利子　色不異空　空不異色

색이 곧 공이요　공이 곧 색이니
色卽是空　空卽是色

수상행식도　그러하니라
受想行識　亦復如是

사리자여　모든 법은 공하여
舍利子　是諸法空相

나지도 멸하지도 않으며　더럽지도 깨끗하지도 않으며　늘지도 줄지도 않느니라
不生不滅　不垢不淨　不增不減

그러므로　공 가운데는　색이 없고　수상행식도 없으며
是故　空中　無色　無受想行識

안이비설신의도　없고　색성향미촉법도　없으며
無眼耳鼻舌身意　無色聲香味觸法

눈의 경계도　의식의 경계까지도 없고
無眼界　乃至　無意識界

무명도　무명이 다함까지도 없으며
無無明　亦無無明盡

늙고　죽음도　늙고 죽음이 다함까지도 없고
乃至　無老死　亦無老死盡

고 집 멸 도도 없으며   지혜도 얻음도 없느니라
無苦集滅道 無智亦無得

얻을 것이 없는 까닭에   보 살 은
以無所得故 菩提薩埵

반야바라밀다를 의지하므로   마음에 걸림이 없고
依般若波羅蜜多故 心無罣碍

걸림이 없으므로   두려움이 없어서
無罣碍故 無有恐怖

뒤바뀐 헛된 생각을 멀리 떠나   완전한 열반에 들어가며
遠離顚倒夢想 究竟涅槃

삼세의 모든 부처님도   반야바라밀다를   의지하므로
三世諸佛 依般若波羅蜜多故

최 상 의   깨 달 음 을   얻 느 니 라
得阿耨多羅三藐三菩提

반 야 바 라 밀 다 는   가 장 신 비 하 고
故知般若波羅蜜多 是大神呪

밝은 주문이며   위없는 주문이며   무엇과도 견줄 수 없는 주문이니
是大明呪 是無上呪 是無等等呪

온갖 괴로움을 없애고   진실하여 허망하지 않음을 알지니라
能除一切苦 眞實不虛

이제   반야바라밀다주를   말하리라
故說般若波羅蜜多呪 卽說呪曰

아제 아제 바라아제 바라승아제 모지 사바하

아제 아제 바라아제 바라승아제 모지 사바하

아제 아제 바라아제 바라승아제 모지 사바하

摩訶般若波羅蜜多心經

관 자 재 보 살 이　　 깊은 반야바라밀다를 행할 때
觀自在菩薩　行深般若波羅蜜多時

오온이 공한 것을 비추어 보고　　 온갖 고통에서 건너느니라
照見五蘊皆空　度一切苦厄

사 리 자 여　　 색이 공과 다르지 않고　　 공이 색과 다르지 않으며
舍利子　色不異空　空不異色

색 이 곧 공 이 요　　 공이 곧 색이니
色卽是空　空卽是色

수 상 행 식 도　　 그 러 하 니 라
受想行識　亦復如是

사 리 자 여　　 모든 법은 공하여
舍利子　是諸法空相

나지도 멸하지도 않으며　 더럽지도 깨끗하지도 않으며　 늘지도 줄지도 않느니라
不生不滅　不垢不淨　不增不減

그러므로　 공 가운데는　 색이 없고　 수상행식도　 없으며
是故　空中　無色　無受想行識

안 이 비 설 신 의 도　　 없 고　 색 성 향 미 촉 법 도　　 없으며
無眼耳鼻舌身意　無色聲香味觸法

눈의 경계도　　 의식의 경계까지도　 없고
無眼界　乃至　無意識界

무 명 도　　 무명이 다함까지도 없으며
無無明　亦無無明盡

늙 고　 죽 음 도　　 늙고 죽음이 다함까지도 없고
乃至　無老死　亦無老死盡

고집멸도도 없으며　　지혜도 얻음도 없느니라
無苦集滅道　　無智亦無得

얻을 것이 없는 까닭에　　　　보　살　은
以無所得故　　菩提薩埵

반야바라밀다를 의지하므로　　마음에 걸림이 없고
依般若波羅蜜多故　　心無罣碍

걸림이 없으므로　　두려움이 없어서
無罣碍故　　無有恐怖

뒤바뀐 헛된 생각을 멀리 떠나　　완전한 열반에 들어가며
遠離顚倒夢想　　究竟涅槃

삼세의 모든 부처님도　　반야바라밀다를 의지하므로
三世諸佛　　依般若波羅蜜多故

최　상　의　　깨달음을　　얻느니라
得阿耨多羅三藐三菩提

반　야　바　라　밀　다　는　　가　장　신　비　하　고
故知般若波羅蜜多　　是大神呪

밝은 주문이며　　위없는 주문이며　　무엇과도 견줄 수 없는 주문이니
是大明呪　是無上呪　是無等等呪

온갖 괴로움을 없애고　　진실하여 허망하지 않음을 알지니라
能除一切苦　　眞實不虛

이　제　　반 야 바 라 밀 다 주 를　　말 하 리 라
故說般若波羅蜜多呪　卽說呪曰

아제 아제 바라아제 바라승아제 모지 사바하

아제 아제 바라아제 바라승아제 모지 사바하

아제 아제 바라아제 바라승아제 모지 사바하

摩訶般若波羅蜜多心經

관자재보살이 　깊은 반야바라밀다를 행할 때
觀自在菩薩 行深般若波羅蜜多時

오온이 공한 것을 비추어 보고 　온갖 고통에서 건너느니라
照見五蘊皆空 　度一切苦厄

사리자여 　색이 공과 다르지 않고 　공이 색과 다르지 않으며
舍利子 　色不異空 　空不異色

색이 곧 공이요 　공이 곧 색이니
色卽是空 　空卽是色

수상행식도 　그러하니라
受想行識 　亦復如是

사리자여 　모든 법은 공하여
舍利子 是諸法空相

나지도 멸하지도 않으며 　더럽지도 깨끗하지도 않으며 　늘지도 줄지도 않느니라
不生不滅 　不垢不淨 　不增不減

그러므로 　공 가운데는 　색이 없고 　수상행식도 없으며
是故 空中 無色 無受想行識

안 이 비 설 신 의 도 　없 고 　색 성 향 미 촉 법 도 　없 으 며
無眼耳鼻舌身意 無色聲香味觸法

눈의 경계도 　의식의 경계까지도 없고
無眼界 乃至 無意識界

무 명 도 　무명이 다함까지도 없으며
無無明 亦無無明盡

늙 고 　죽 음 도 　늙고 죽음이 다함까지도 없고
乃至 無老死 亦無老死盡

고 집 멸 도 도 없 으 며　　　지혜도 얻음도 없느니라

無苦集滅道　無智亦無得

얻을 것이 없는 까닭에　　　보 살 은

以無所得故　菩提薩埵

반야바라밀다를　의지하므로　　마음에 걸림이 없고

依般若波羅蜜多故　心無罣碍

걸림이 없으므로　　두려움이 없어서

無罣碍故　無有恐怖

뒤바뀐 헛된 생각을 멀리 떠나　　완전한 열반에 들어가며

遠離顚倒夢想　究竟涅槃

삼세의 모든 부처님도　　반야바라밀다를　의지하므로

三世諸佛　依般若波羅蜜多故

최상의　깨달음을　얻느니라

得阿耨多羅三藐三菩提

반 야 바 라 밀 다 는　　가장 신비하고

故知般若波羅蜜多　是大神呪

밝은 주문이며　　위없는 주문이며　무엇과도 견줄 수 없는 주문이니

是大明呪　是無上呪　是無等等呪

온갖 괴로움을 없애고　　진실하여 허망하지 않음을 알지니라

能除一切苦　眞實不虛

이제　반야바라밀다주를　말 하 리 라

故說般若波羅蜜多呪　卽說呪曰

아제 아제 바라아제 바라승아제 모지 사바하

아제 아제 바라아제 바라승아제 모지 사바하

아제 아제 바라아제 바라승아제 모지 사바하

摩訶般若波羅蜜多心經

관자재보살이　깊은 반야바라밀다를 행할 때
觀自在菩薩　行深般若波羅蜜多時

오온이 공한 것을 비추어 보고　온갖 고통에서 건너느니라
照見五蘊皆空　度一切苦厄

사리자여　색이 공과 다르지 않고　공이 색과 다르지 않으며
舍利子　色不異空　空不異色

색이 곧 공이요　공이 곧 색이니
色卽是空　空卽是色

수상행식도　그러하니라
受想行識　亦復如是

사리자여　모든 법은 공하여
舍利子　是諸法空相

나지도 멸하지도 않으며　더럽지도 깨끗하지도 않으며　늘지도 줄지도 않느니라
不生不滅　不垢不淨　不增不減

그러므로　공 가운데는　색이 없고　수상행식도　없으며
是故　空中　無色　無受想行識

안 이 비 설 신 의 도　없고　색 성 향 미 촉 법 도　없으며
無眼耳鼻舌身意　無色聲香味觸法

눈의 경계도　의식의 경계까지도　없고
無眼界　乃至　無意識界

무명도　무명이 다함까지도 없으며
無無明　亦無無明盡

늙고　죽음도　늙고 죽음이 다함까지도 없고
乃至　無老死　亦無老死盡

고 집 멸 도 도 없으며　　　지혜도 얻음도 없느니라
無苦集滅道　　無智亦無得

얻을 것이 없는 까닭에　　　　보 살 은
以無所得故　　菩提薩埵

반야바라밀다를　의지하므로　　마음에 걸림이 없고
依般若波羅蜜多故　心無罣碍

걸림이 없으므로　　두려움이 없어서
無罣碍故　無有恐怖

뒤바뀐 헛된 생각을 멀리 떠나　완전한 열반에 들어가며
遠離顚倒夢想　究竟涅槃

삼세의 모든 부처님도　반야바라밀다를　의지하므로
三世諸佛　依般若波羅蜜多故

최상의　깨달음을　얻느니라
得阿耨多羅三藐三菩提

반 야 바 라 밀 다 는　　가장 신비하고
故知般若波羅蜜多　是大神呪

밝은 주문이며　위없는 주문이며　무엇과도 견줄 수 없는 주문이니
是大明呪　是無上呪　是無等等呪

온갖 괴로움을 없애고　진실하여 허망하지 않음을 알지니라
能除一切苦　眞實不虛

이제　반야바라밀다 주를　말하리라
故說般若波羅蜜多呪　卽說呪曰

아제 아제 바라아제 바라승아제 모지 사바하

아제 아제 바라아제 바라승아제 모지 사바하

아제 아제 바라아제 바라승아제 모지 사바하

摩訶般若波羅蜜多心經

관자재보살이　깊은 반야바라밀다를 행할 때
觀自在菩薩 行深般若波羅蜜多時

오온이 공한 것을 비추어 보고　온갖 고통에서 건너느니라
照見五蘊皆空 度一切苦厄

사리 자여　색이 공과 다르지 않고　공이 색과 다르지 않으며
舍利子 色不異空 空不異色

색이 곧 공이요　공이 곧 색이니
色卽是空 空卽是色

수상행식도　그러하니라
受想行識 亦復如是

사리 자여　모든 법은 공하여
舍利子 是諸法空相

나지도 멸하지도 않으며　더럽지도 깨끗하지도 않으며　늘지도 줄지도 않느니라
不生不滅 不垢不淨 不增不減

그러므로　공 가운데는　색이 없고　수상행식도 없으며
是故 空中 無色 無受想行識

안이비설신의도　없고　색성향미촉법도　없으며
無眼耳鼻舌身意 無色聲香味觸法

눈의 경계도　의식의 경계까지도 없고
無眼界 乃至 無意識界

무명도　무명이 다함까지도 없으며
無無明 亦無無明盡

늙고　죽음도　늙고 죽음이 다함까지도 없고
乃至 無老死 亦無老死盡

고 집 멸 도 도 없 으 며　　지 혜 도 얻 음 도 없 느 니 라

無苦集滅道　無智亦無得

얻 을 것 이 없 는 까 닭 에　　보 살 은

以無所得故　菩提薩埵

반 야 바 라 밀 다 를　의 지 하 므 로　　마 음 에 걸 림 이 없 고

依般若波羅蜜多故　心無罣碍

걸 림 이 없 으 므 로　　두 려 움 이 없 어 서

無罣碍故　無有恐怖

뒤 바 뀐 헛 된 생 각 을 멀 리 떠 나　　완 전 한 열 반 에 들 어 가 며

遠離顚倒夢想　究竟涅槃

삼 세 의 모 든 부 처 님 도　　반 야 바 라 밀 다 를　의 지 하 므 로

三世諸佛　依般若波羅蜜多故

최 상 의　깨 달 음 을　얻 느 니 라

得阿耨多羅三藐三菩提

반 야 바 라 밀 다 는　　가 장 신 비 하 고

故知般若波羅蜜多　是大神呪

밝 은 주 문 이 며　위 없 는 주 문 이 며　무 엇 과 도 견 줄 수 없 는 주 문 이 니

是大明呪　是無上呪　是無等等呪

온 갖 괴 로 움 을 없 애 고　　진 실 하 여 허 망 하 지 않 음 을 알 지 니 라

能除一切苦　眞實不虛

이 제　　반 야 바 라 밀 다 주 를　말 하 리 라

故說般若波羅蜜多呪　即說呪曰

아제 아제 바라아제 바라승아제 모지 사바하

아제 아제 바라아제 바라승아제 모지 사바하

아제 아제 바라아제 바라승아제 모지 사바하

摩訶般若波羅蜜多心經

관자재보살이　깊은 반야바라밀다를 행할 때
觀自在菩薩　行深般若波羅蜜多時

오온이 공한 것을 비추어 보고　온갖 고통에서 건너느니라
照見五蘊皆空　度一切苦厄

사리자여　색이 공과 다르지 않고　공이 색과 다르지 않으며
舍利子　色不異空　空不異色

색이 곧 공이요　공이 곧 색이니
色卽是空　空卽是色

수상행식도　그러하니라
受想行識　亦復如是

사리자여　모든 법은 공하여
舍利子　是諸法空相

나지도 멸하지도 않으며　더럽지도 깨끗하지도 않으며　늘지도 줄지도 않느니라
不生不滅　不垢不淨　不增不減

그러므로　공 가운데는　색이 없고　수상행식도 없으며
是故　空中　無色　無受想行識

안이비설신의도　없고　색성향미촉법도　없으며
無眼耳鼻舌身意　無色聲香味觸法

눈의 경계도　의식의 경계까지도 없고
無眼界　乃至　無意識界

무명도　무명이 다함까지도 없으며
無無明　亦無無明盡

늙고　죽음도　늙고 죽음이 다함까지도 없고
乃至　無老死　亦無老死盡

고집멸도도 없으며　　　지혜도 얻음도 없느니라
無苦集滅道　　無智亦無得

얻을 것이 없는 까닭에　　　보 살 은
以無所得故　　菩提薩埵

반야바라밀다를 의지하므로　　　마음에 걸림이 없고
依般若波羅蜜多故　　心無罣碍

걸림이 없으므로　　　두려움이 없어서
無罣碍故　　無有恐怖

뒤바뀐 헛된 생각을 멀리 떠나　　　완전한 열반에 들어가며
遠離顚倒夢想　　究竟涅槃

삼세의 모든 부처님도　　　반야바라밀다를 의지하므로
三世諸佛　　依般若波羅蜜多故

최 상 의　　깨 달 음 을　　얻 느 니 라
得阿耨多羅三藐三菩提

반 야 바 라 밀 다 는　　　가 장 신 비 하 고
故知般若波羅蜜多　　是大神呪

밝 은 주 문 이 며　　위 없 는 주 문 이 며　　무엇과도 견줄 수 없는 주문이니
是大明呪　是無上呪　是無等等呪

온 갖 괴로움을 없애고　　　진실하여 허망하지 않음을 알지니라
能除一切苦　　眞實不虛

이 제　　반 야 바 라 밀 다 주 를　　말 하 리 라
故說般若波羅蜜多呪　卽說呪曰

아제 아제 바라아제 바라승아제 모지 사바하

아제 아제 바라아제 바라승아제 모지 사바하

아제 아제 바라아제 바라승아제 모지 사바하

摩訶般若波羅蜜多心經

관 자 재 보 살 이　　　깊은 반야바라밀다를 행할 때
觀自在菩薩　行深般若波羅蜜多時

오온이 공한 것을 비추어 보고　　　온갖 고통에서 건너느니라
照見五蘊皆空　度一切苦厄

사 리 자 여　　　색이 공과 다르지 않고　　　공이 색과 다르지 않으며
舍利子　色不異空　空不異色

색 이 곧 공 이 요　　　공 이 곧 색 이 니
色卽是空　空卽是色

수 상 행 식 도　　　그 러 하 니 라
受想行識　亦復如是

사 리 자 여　　　모든 법은 공하여
舍利子　是諸法空相

나지도 멸하지도 않으며　더럽지도 깨끗하지도 않으며　늘지도 줄지도 않느니라
不生不滅　不垢不淨　不增不減

그러므로　　공 가운데는　　색이 없고　　수상행식도　없으며
是故　空中　無色　無受想行識

안 이 비 설 신 의 도　　없 고　　색 성 향 미 촉 법 도　　없 으 며
無眼耳鼻舌身意　無色聲香味觸法

눈의 경계도　　　의식의 경계까지도　없고
無眼界　乃至　無意識界

무 명 도　　　무명이 다함까지도　없으며
無無明　亦無無明盡

늙 고　　죽 음 도　　늙고 죽음이 다함까지도 없고
乃至　無老死　亦無老死盡

고집멸도도 없으며　　　지혜도 얻음도 없느니라
無苦集滅道　無智亦無得

얻을 것이 없는 까닭에　　　보 살 은
以無所得故　菩提薩埵

반야바라밀다를　의지하므로　　　마음에 걸림이 없고
依般若波羅蜜多故　心無罣碍

걸림이 없으므로　　　두려움이 없어서
無罣碍故　無有恐怖

뒤바뀐 헛된 생각을 멀리 떠나　　　완전한 열반에 들어가며
遠離顚倒夢想　究竟涅槃

삼세의 모든 부처님도　　　반야바라밀다를　의지하므로
三世諸佛　依般若波羅蜜多故

최 상 의　깨 달 음 을　얻 느 니 라
得阿耨多羅三藐三菩提

반 야 바 라 밀 다 는　　　가 장 신 비 하 고
故知般若波羅蜜多　是大神呪

밝은 주문이며　위없는 주문이며　무엇과도 견줄 수 없는 주문이니
是大明呪　是無上呪　是無等等呪

온갖 괴로움을 없애고　진실하여 허망하지 않음을 알지니라
能除一切苦　眞實不虛

이제　　반야바라밀다주를　　말 하 리 라
故說般若波羅蜜多呪　卽說呪曰

아제 아제 바라아제 바라승아제 모지 사바하

아제 아제 바라아제 바라승아제 모지 사바하

아제 아제 바라아제 바라승아제 모지 사바하

摩訶般若波羅蜜多心經

관자재보살이 깊은 반야바라밀다를 행할 때
觀自在菩薩 行深般若波羅蜜多時

오온이 공한 것을 비추어 보고 온갖 고통에서 건너느니라
照見五蘊皆空 度一切苦厄

사리자여 색이 공과 다르지 않고 공이 색과 다르지 않으며
舍利子 色不異空 空不異色

색이 곧 공이요 공이 곧 색이니
色卽是空 空卽是色

수상행식도 그러하니라
受想行識 亦復如是

사리자여 모든 법은 공하여
舍利子 是諸法空相

나지도 멸하지도 않으며 더럽지도 깨끗하지도 않으며 늘지도 줄지도 않느니라
不生不滅 不垢不淨 不增不減

그러므로 공 가운데는 색이 없고 수상행식도 없으며
是故 空中 無色 無受想行識

안 이 비 설 신 의도 없고 색 성 향 미 촉 법도 없으며
無眼耳鼻舌身意 無色聲香味觸法

눈의 경계도 의식의 경계까지도 없고
無眼界 乃至 無意識界

무 명 도 무명이 다함까지도 없으며
無無明 亦無無明盡

늙 고 죽 음 도 늙고 죽음이 다함까지도 없고
乃至 無老死 亦無老死盡

고 집 멸 도 도 없으며　　지혜도 얻음도 없느니라
無苦集滅道　無智亦無得

얻을 것이 없는 까닭에　　보 살 은
以無所得故　菩提薩埵

반 야 바 라 밀 다 를　의 지 하 므 로　마음에 걸림이 없고
依般若波羅蜜多故　心無罣碍

걸림이 없으므로　　두려움이 없어서
無罣碍故　無有恐怖

뒤바뀐 헛된 생각을 멀리 떠나　완전한 열반에 들어가며
遠離顚倒夢想　究竟涅槃

삼세의 모든 부처님도　반야바라밀다를 의지하므로
三世諸佛　依般若波羅蜜多故

최상의　깨달음을　얻느니라
得阿耨多羅三藐三菩提

반 야 바 라 밀 다 는　가장 신비하고
故知般若波羅蜜多　是大神呪

밝은 주문이며　위없는 주문이며　무엇과도 견줄 수 없는 주문이니
是大明呪　是無上呪　是無等等呪

온갖 괴로움을 없애고　진실하여 허망하지 않음을 알지니라
能除一切苦　眞實不虛

이제　반야바라밀다 주를　말하리라
故說般若波羅蜜多呪　卽說呪曰

아제 아제 바라아제 바라승아제 모지 사바하

아제 아제 바라아제 바라승아제 모지 사바하

아제 아제 바라아제 바라승아제 모지 사바하

摩訶般若波羅蜜多心經

관자재보살이　　깊은 반야바라밀다를 행할 때

觀自在菩薩 行深般若波羅蜜多時

오온이 공한 것을 비추어 보고　　온갖 고통에서 건너느니라

照見五蘊皆空 度一切苦厄

사리자여　　색이 공과 다르지 않고　　공이 색과 다르지 않으며

舍利子 色不異空 空不異色

색이 곧 공이요　　공이 곧 색이니

色卽是空 空卽是色

수 상 행 식 도　　그 러 하 니 라

受想行識 亦復如是

사 리 자 여　　모 든 법 은 공 하 여

舍利子 是諸法空相

나지도 멸하지도 않으며　더럽지도 깨끗하지도 않으며　늘지도 줄지도 않느니라

不生不滅 不垢不淨 不增不減

그러므로　공 가운데는　색이 없고　수 상 행 식 도　없 으 며

是故 空中 無色 無受想行識

안 이 비 설 신 의 도　없 고　색 성 향 미 촉 법 도　없 으 며

無眼耳鼻舌身意 無色聲香味觸法

눈의 경계도　　의식의 경계까지도 없고

無眼界 乃至 無意識界

무 명 도　　무명이 다함까지도 없으며

無無明 亦無無明盡

늙 고　죽 음 도　늙고 죽음이 다함까지도 없고

乃至 無老死 亦無老死盡

고 집 멸 도 도 없으며　　　　지혜도 얻음도 없느니라
無苦集滅道　　無智亦無得

얻을 것이 없는 까닭에　　　　보 살 은
以無所得故　　菩提薩埵

반야바라밀다를　　　의지하므로　　　마음에 걸림이 없고
依般若波羅蜜多故　　心無罣碍

걸림이 없으므로　　　두려움이 없어서
無罣碍故　　無有恐怖

뒤바뀐 헛된 생각을 멀리 떠나　　　완전한 열반에 들어가며
遠離顚倒夢想　　究竟涅槃

삼세의 모든 부처님도　　　반야바라밀다를　　의지하므로
三世諸佛　　依般若波羅蜜多故

최 상 의　　깨 달 음 을　　얻 느 니 라
得阿耨多羅三藐三菩提

반 야 바 라 밀 다 는　　　가 장　신 비 하 고
故知般若波羅蜜多　　是大神呪

밝 은　주 문 이 며　　위 없 는　주 문 이 며　　무엇과도 견줄 수 없는 주문이니
是大明呪　是無上呪　是無等等呪

온 갖 괴 로 움 을 없 애 고　　진실하여 허망하지 않음을 알지니라
能除一切苦　　眞實不虛

이 제　　반 야 바 라 밀 다 주 를　　말 하 리 라
故說般若波羅蜜多呪　即說呪曰

아제 아제 바라아제 바라승아제 모지 사바하

아제 아제 바라아제 바라승아제 모지 사바하

아제 아제 바라아제 바라승아제 모지 사바하

摩訶般若波羅蜜多心經

관자재보살이　깊은 반야바라밀다를 행할 때
觀自在菩薩 行深般若波羅蜜多時

오온이 공한 것을 비추어 보고　온갖 고통에서 건너느니라
照見五蘊皆空　度一切苦厄

사리자여　색이 공과 다르지 않고　공이 색과 다르지 않으며
舍利子 色不異空　空不異色

색이 곧 공이요　공이 곧 색이니
色卽是空　空卽是色

수상행식도　그러하니라
受想行識　亦復如是

사리자여　모든 법은 공하여
舍利子 是諸法空相

나지도 멸하지도 않으며　더럽지도 깨끗하지도 않으며　늘지도 줄지도 않느니라
不生不滅　不垢不淨　不增不減

그러므로　공 가운데는　색이 없고　수상행식도 없으며
是故 空中 無色 無受想行識

안 이 비 설 신 의 도　없 고　색 성 향 미 촉 법 도　없 으 며
無眼耳鼻舌身意 無色聲香味觸法

눈의 경계도　의식의 경계까지도 없고
無眼界 乃至 無意識界

무 명 도　무명이 다함까지도 없으며
無無明 亦無無明盡

늙 고　죽 음 도　늙고 죽음이 다함까지도 없고
乃至 無老死 亦無老死盡

고집멸도도 없으며　　지혜도 얻음도 없느니라
無苦集滅道　　無智亦無得

얻을 것이 없는 까닭에　　보 살 은
以無所得故　　菩提薩埵

반야바라밀다를　의지하므로　　마음에 걸림이 없고
依般若波羅蜜多故　　心無罣碍

걸림이 없으므로　　두려움이 없어서
無罣碍故　　無有恐怖

뒤바뀐 헛된 생각을 멀리 떠나　　완전한 열반에 들어가며
遠離顚倒夢想　　究竟涅槃

삼세의 모든 부처님도　　반야바라밀다를　의지하므로
三世諸佛　　依般若波羅蜜多故

최상의　깨달음을　얻느니라
得阿耨多羅三藐三菩提

반 야 바 라 밀 다 는　　가장 신비하고
故知般若波羅蜜多　　是大神呪

밝은 주문이며　　위없는 주문이며　무엇과도 견줄 수 없는 주문이니
是大明呪　是無上呪　是無等等呪

온갖 괴로움을 없애고　　진실하여 허망하지 않음을 알지니라
能除一切苦　　眞實不虛

이제　　반야바라밀다주를　　말하리라
故說般若波羅蜜多呪　　卽說呪曰

아제 아제 바라아제 바라승아제 모지 사바하

아제 아제 바라아제 바라승아제 모지 사바하

아제 아제 바라아제 바라승아제 모지 사바하

摩訶般若波羅蜜多心經

관자재보살이　　　깊은 반야바라밀다를 행할 때
觀自在菩薩　行深般若波羅蜜多時

오온이 공한 것을 비추어 보고　　　온갖 고통에서 건너느니라
照見五蘊皆空　度一切苦厄

사리자여　　색이 공과 다르지 않고　　공이 색과 다르지 않으며
舍利子　色不異空　空不異色

색이 곧 공이요　　공이 곧 색이니
色卽是空　空卽是色

수상행식도　　그러하니라
受想行識　亦復如是

사리자여　　모든 법은 공하여
舍利子　是諸法空相

나지도 멸하지도 않으며　더럽지도 깨끗하지도 않으며　늘지도 줄지도 않느니라
不生不滅　不垢不淨　不增不減

그러므로　공 가운데는　색이 없고　수상행식도 없으며
是故　空中　無色　無受想行識

안 이 비 설 신 의 도　없 고　색 성 향 미 촉 법 도　없 으 며
無眼耳鼻舌身意　無色聲香味觸法

눈의 경계도　　의식의 경계까지도 없고
無眼界　乃至　無意識界

무 명 도　무명이 다함까지도 없으며
無無明　亦無無明盡

늙 고　죽 음 도　늙고 죽음이 다함까지도 없고
乃至　無老死　亦無老死盡

고 집 멸 도 도 없 으 며   지 혜 도 얻 음 도 없 느 니 라

無苦集滅道　　無智亦無得

얻 을 것 이 없 는 까 닭 에   보　살　은

以無所得故　　菩提薩埵

반 야 바 라 밀 다 를   의 지 하 므 로   마 음 에 걸 림 이 없 고

依般若波羅蜜多故　　心無罣碍

걸 림 이 없 으 므 로   두 려 움 이 없 어 서

無罣碍故　　無有恐怖

뒤 바 뀐 헛 된 생 각 을 멀 리 떠 나   완 전 한 열 반 에 들 어 가 며

遠離顛倒夢想　　究竟涅槃

삼 세 의 모 든 부 처 님 도   반 야 바 라 밀 다 를   의 지 하 므 로

三世諸佛　　依般若波羅蜜多故

최 상 의   깨 달 음 을   얻 느 니 라

得阿耨多羅三藐三菩提

반 야 바 라 밀 다 는   가 장 신 비 하 고

故知般若波羅蜜多　　是大神呪

밝 은 주 문 이 며   위 없 는 주 문 이 며   무 엇 과 도 견 줄 수 없 는 주 문 이 니

是大明呪　是無上呪　是無等等呪

온 갖 괴 로 움 을 없 애 고   진 실 하 여 허 망 하 지 않 음 을 알 지 니 라

能除一切苦　　眞實不虛

이 제   반 야 바 라 밀 다 주 를   말 하 리 라

故說般若波羅蜜多呪　卽說呪曰

아제 아제 바라아제 바라승아제 모지 사바하

아제 아제 바라아제 바라승아제 모지 사바하

아제 아제 바라아제 바라승아제 모지 사바하

摩訶般若波羅蜜多心經

관자재보살이 깊은 반야바라밀다를 행할 때
觀自在菩薩 行深般若波羅蜜多時

오온이 공한 것을 비추어 보고 온갖 고통에서 건너느니라
照見五蘊皆空 度一切苦厄

사리자여 색이 공과 다르지 않고 공이 색과 다르지 않으며
舍利子 色不異空 空不異色

색이 곧 공이요 공이 곧 색이니
色卽是空 空卽是色

수상행식도 그러하니라
受想行識 亦復如是

사리자여 모든 법은 공하여
舍利子 是諸法空相

나지도 멸하지도 않으며 더럽지도 깨끗하지도 않으며 늘지도 줄지도 않느니라
不生不滅 不垢不淨 不增不減

그러므로 공 가운데는 색이 없고 수상행식도 없으며
是故 空中 無色 無受想行識

안 이 비 설 신 의 도 없고 색 성 향 미 촉 법 도 없으며
無眼耳鼻舌身意 無色聲香味觸法

눈의 경계도 의식의 경계까지도 없고
無眼界 乃至 無意識界

무명도 무명이 다함까지도 없으며
無無明 亦無無明盡

늙고 죽음도 늙고 죽음이 다함까지도 없고
乃至 無老死 亦無老死盡

고 집 멸 도 도 없으며 　　지혜도 얻음도 없느니라
無苦集滅道　　無智亦無得

얻을 것이 없는 까닭에 　　보 살 은
以無所得故　　菩提薩埵

반야바라밀다를 의 지 하 므 로 　　마음에 걸림이 없고
依般若波羅蜜多故　　心無罣碍

걸림이 없으므로 　　두려움이 없어서
無罣碍故　　無有恐怖

뒤바뀐 헛된 생각을 멀리 떠나 　　완전한 열반에 들어가며
遠離顚倒夢想　　究竟涅槃

삼세의 모든 부처님도 　　반야바라밀다를 의 지 하 므 로
三世諸佛　　依般若波羅蜜多故

최 상 의 　　깨 달 음 을 　　얻 느 니 라
得阿耨多羅三藐三菩提

반 야 바 라 밀 다 는 　　가 장 신 비 하 고
故知般若波羅蜜多　　是大神呪

밝은 주문이며 　　위없는 주문이며 　　무엇과도 견줄 수 없는 주문이니
是大明呪　　是無上呪　　是無等等呪

온갖 괴로움을 없애고 　　진실하여 허망하지 않음을 알지니라
能除一切苦　　眞實不虛

이 제 　　반 야 바 라 밀 다 주 를 　　말 하 리 라
故說般若波羅蜜多呪　　卽說呪曰

아제 아제 바라아제 바라승아제 모지 사바하

아제 아제 바라아제 바라승아제 모지 사바하

아제 아제 바라아제 바라승아제 모지 사바하

摩訶般若波羅蜜多心經

관자재보살이　　깊은 반야바라밀다를 행할 때
觀自在菩薩 行深般若波羅蜜多時

오온이 공한 것을 비추어 보고　　　온갖 고통에서 건너느니라
照見五蘊皆空　度一切苦厄

사리자여　색이 공과 다르지 않고　공이 색과 다르지 않으며
舍利子 色不異空　空不異色

색이 곧 공이요　공이 곧 색이니
色卽是空　空卽是色

수상행식도　그러하니라
受想行識　亦復如是

사리자여　모든 법은 공하여
舍利子 是諸法空相

나지도 멸하지도 않으며　더럽지도 깨끗하지도 않으며　늘지도 줄지도 않느니라
不生不滅　不垢不淨　不增不減

그러므로　공 가운데는　색이 없고　수상행식도 없으며
是故 空中　無色　無受想行識

안이비설신의도　없고　색성향미촉법도　없으며
無眼耳鼻舌身意 無色聲香味觸法

눈의 경계도　의식의 경계까지도　없고
無眼界 乃至　無意識界

무명도　무명이 다함까지도 없으며
無無明　亦無無明盡

늙고　죽음도　늙고 죽음이 다함까지도 없고
乃至　無老死 亦無老死盡

고 집 멸 도 도 없 으 며   지 혜 도 얻 음 도 없 느 니 라

無苦集滅道   無智亦無得

얻 을 것 이 없 는 까 닭 에   보 살 은

以無所得故   菩提薩埵

반 야 바 라 밀 다 를   의 지 하 므 로   마 음 에 걸 림 이 없 고

依般若波羅蜜多故   心無罣碍

걸 림 이 없 으 므 로   두 려 움 이 없 어 서

無罣碍故   無有恐怖

뒤 바 뀐 헛 된 생 각 을 멀 리 떠 나   완 전 한 열 반 에 들 어 가 며

遠離顚倒夢想   究竟涅槃

삼 세 의 모 든 부 처 님 도   반 야 바 라 밀 다 를   의 지 하 므 로

三世諸佛   依般若波羅蜜多故

최 상 의   깨 달 음 을   얻 느 니 라

得阿耨多羅三藐三菩提

반 야 바 라 밀 다 는   가 장 신 비 하 고

故知般若波羅蜜多   是大神呪

밝 은 주 문 이 며   위 없 는 주 문 이 며   무 엇 과 도 견 줄 수 없 는 주 문 이 니

是大明呪   是無上呪   是無等等呪

온 갖 괴 로 움 을 없 애 고   진 실 하 여 허 망 하 지 않 음 을 알 지 니 라

能除一切苦   眞實不虛

이 제   반 야 바 라 밀 다 주 를   말 하 리 라

故說般若波羅蜜多呪 卽說呪曰

아 제 아 제 바 라 아 제 바 라 승 아 제 모 지 사 바 하

아 제 아 제 바 라 아 제 바 라 승 아 제 모 지 사 바 하

아 제 아 제 바 라 아 제 바 라 승 아 제 모 지 사 바 하

摩訶般若波羅蜜多心經

관 자 재 보 살 이　　깊은 반야바라밀다를 행할 때
觀自在菩薩　行深般若波羅蜜多時

오온이 공한 것을 비추어 보고　　온갖 고통에서 건너느니라
照見五蘊皆空　度一切苦厄

사 리 자 여　　색이 공과 다르지 않고　　공이 색과 다르지 않으며
舍利子　色不異空　空不異色

색 이 곧 공 이 요　　공이 곧 색이니
色卽是空　空卽是色

수 상 행 식 도　　그 러 하 니 라
受想行識　亦復如是

사 리 자 여　　모든 법은 공하여
舍利子　是諸法空相

나지도 멸하지도 않으며　더럽지도 깨끗하지도 않으며　늘지도 줄지도 않느니라
不生不滅　不垢不淨　不增不減

그러므로　공 가운데는　색이 없고　수상행식도 없으며
是故　空中　無色　無受想行識

안 이 비 설 신 의 도　　없 고　　색 성 향 미 촉 법 도　　없 으 며
無眼耳鼻舌身意　無色聲香味觸法

눈 의 경 계 도　　의 식 의 경 계 까 지 도　　없 고
無眼界　乃至　無意識界

무 명 도　　무명이 다함까지도 없으며
無無明　亦無無明盡

늙 고　죽 음 도　　늙고 죽음이 다함까지도 없고
乃至　無老死　亦無老死盡

72

고 집 멸 도 도 없으며   지혜도 얻음도 없느니라
無苦集滅道   無智亦無得

얻을 것이 없는 까닭에   보 살 은
以無所得故   菩提薩埵

반야바라밀다를 의지하므로   마음에 걸림이 없고
依般若波羅蜜多故   心無罣碍

걸림이 없으므로   두려움이 없어서
無罣碍故   無有恐怖

뒤바뀐 헛된 생각을 멀리 떠나   완전한 열반에 들어가며
遠離顚倒夢想   究竟涅槃

삼세의 모든 부처님도   반야바라밀다를 의지하므로
三世諸佛   依般若波羅蜜多故

최 상 의   깨 달 음 을   얻 느 니 라
得阿耨多羅三藐三菩提

반 야 바 라 밀 다 는   가 장 신 비 하 고
故知般若波羅蜜多   是大神呪

밝은 주문이며   위없는 주문이며   무엇과도 견줄 수 없는 주문이니
是大明呪 是無上呪 是無等等呪

온갖 괴로움을 없애고   진실하여 허망하지 않음을 알지니라
能除一切苦   眞實不虛

이 제   반 야 바 라 밀 다 주 를   말 하 리 라
故說般若波羅蜜多呪 卽說呪曰

아제 아제 바라아제 바라승아제 모지 사바하

아제 아제 바라아제 바라승아제 모지 사바하

아제 아제 바라아제 바라승아제 모지 사바하

摩訶般若波羅蜜多心經

관 자 재 보 살 이 　 깊은 반야바라밀다를 행할 때
觀自在菩薩 行深般若波羅蜜多時

오온이 공한 것을 비추어 보고 　 온갖 고통에서 건너느니라
照見五蘊皆空 度一切苦厄

사 리 자 여 　 색이 공과 다르지 않고 　 공이 색과 다르지 않으며
舍利子 色不異空 空不異色

색이 곧 공이요 　 공이 곧 색이니
色卽是空 空卽是色

수 상 행 식 도 　 그 러 하 니 라
受想行識 亦復如是

사 리 자 여 　 모 든 법은 공하여
舍利子 是諸法空相

나지도 멸하지도 않으며 　 더럽지도 깨끗하지도 않으며 　 늘지도 줄지도 않느니라
不生不滅 不垢不淨 不增不減

그러므로 　 공 가운데는 　 색이 없고 　 수상행식도 없으며
是故 空中 無色 無受想行識

안 이 비 설 신 의 도 　 없 고 　 색 성 향 미 촉 법 도 　 없 으 며
無眼耳鼻舌身意 無色聲香味觸法

눈의 경계도 　 의식의 경계까지도 없고
無眼界 乃至 無意識界

무 명 도 　 무명이 다함까지도 없으며
無無明 亦無無明盡

늙 고 　 죽 음 도 　 늙고 죽음이 다함까지도 없고
乃至 無老死 亦無老死盡

고 집 멸 도 도 없으며　　　지혜도 얻음도 없느니라

無苦集滅道　　無智亦無得

얻을 것이 없는 까닭에　　　보 살 은

以無所得故　　菩提薩埵

반 야 바라밀다를 의 지 하 므 로　　마음에 걸림이 없고

依般若波羅蜜多故　心無罣碍

걸림이 없으므로　　　두려움이 없어서

無罣碍故　　無有恐怖

뒤바뀐 헛된 생각을 멀리 떠나　　완전한 열반에 들어가며

遠離顚倒夢想　　究竟涅槃

삼세의 모든 부처님도　　　반 야 바라밀다를 의 지 하 므 로

三世諸佛　　依般若波羅蜜多故

최 상 의　　깨 달 음 을　　얻 느 니 라

得阿耨多羅三藐三菩提

반 야 바 라 밀 다 는　　　가 장 신 비 하 고

故知般若波羅蜜多　是大神呪

밝 은 주 문 이 며　　위없는 주문이며　무엇과도 견줄 수 없는 주문이니

是大明呪 是無上呪 是無等等呪

온갖 괴로움을 없애고　　진실하여 허망하지 않음을 알지니라

能除一切苦　　眞實不虛

이 제　　반 야 바 라 밀 다 주 를　　말 하 리 라

故說般若波羅蜜多呪 卽說呪曰

아제 아제 바라아제 바라승아제 모지 사바하

아제 아제 바라아제 바라승아제 모지 사바하

아제 아제 바라아제 바라승아제 모지 사바하

摩訶般若波羅蜜多心經

관자재보살이　　깊은 반야바라밀다를 행할 때
觀自在菩薩　行深般若波羅蜜多時

오온이 공한 것을 비추어 보고　　온갖 고통에서 건너느니라
照見五蘊皆空　度一切苦厄

사리자여　　색이 공과 다르지 않고　　공이 색과 다르지 않으며
舍利子　色不異空　空不異色

색이 곧 공이요　　공이 곧 색이니
色卽是空　空卽是色

수 상 행 식 도　　그 러 하 니 라
受想行識　亦復如是

사 리 자 여　　모 든 법 은 공 하 여
舍利子　是諸法空相

나지도 멸하지도 않으며　더럽지도 깨끗하지도 않으며　늘지도 줄지도 않느니라
不生不滅　不垢不淨　不增不減

그러므로　공 가운데는　색이 없고　수상행식도 없으며
是故　空中　無色　無受想行識

안 이 비 설 신 의 도　없 고　색 성 향 미 촉 법 도　없 으 며
無眼耳鼻舌身意　無色聲香味觸法

눈의 경계도　　의식의 경계까지도　없고
無眼界　乃至　無意識界

무 명 도　　무명이 다함까지도 없으며
無無明　亦無無明盡

늙 고　　죽 음 도　　늙고 죽음이 다함까지도 없고
乃至　無老死　亦無老死盡

고 집 멸 도 도 없으며　　　지혜도 얻음도 없느니라
無苦集滅道　無智亦無得

얻을 것이 없는 까닭에　　　보 살 은
以無所得故　菩提薩埵

반야바라밀다를　의지하므로　마음에 걸림이 없고
依般若波羅蜜多故　心無罣碍

걸림이 없으므로　　두려움이 없어서
無罣碍故　無有恐怖

뒤바뀐 헛된 생각을 멀리 떠나　완전한 열반에 들어가며
遠離顚倒夢想　究竟涅槃

삼세의 모든 부처님도　반야바라밀다를　의지하므로
三世諸佛　依般若波羅蜜多故

최 상 의　깨달음을　얻느니라
得阿耨多羅三藐三菩提

반 야 바 라 밀 다 는　가 장 신 비 하 고
故知般若波羅蜜多　是大神呪

밝 은 주 문 이 며　위없는 주문이며　무엇과도 견줄 수 없는 주문이니
是大明呪　是無上呪　是無等等呪

온갖 괴로움을 없애고　진실하여 허망하지 않음을 알지니라
能除一切苦　眞實不虛

이 제　반 야 바 라 밀 다 주 를　말 하 리 라
故說般若波羅蜜多呪　卽說呪曰

아제 아제 바라아제 바라승아제 모지 사바하

아제 아제 바라아제 바라승아제 모지 사바하

아제 아제 바라아제 바라승아제 모지 사바하

摩訶般若波羅蜜多心經

관자재보살이　깊은 반야바라밀다를 행할 때
觀自在菩薩　行深般若波羅蜜多時

오온이 공한 것을 비추어 보고　온갖 고통에서 건너느니라
照見五蘊皆空　度一切苦厄

사리자여　색이 공과 다르지 않고　공이 색과 다르지 않으며
舍利子　色不異空　空不異色

색이 곧 공이요　공이 곧 색이니
色卽是空　空卽是色

수상행식도　그러하니라
受想行識　亦復如是

사리자여　모든 법은 공하여
舍利子　是諸法空相

나지도 멸하지도 않으며　더럽지도 깨끗하지도 않으며　늘지도 줄지도 않느니라
不生不滅　不垢不淨　不增不減

그러므로　공 가운데는　색이 없고　수상행식도 없으며
是故　空中　無色　無受想行識

안 이 비 설 신 의도　없고　색 성 향 미 촉 법도　없으며
無眼耳鼻舌身意　無色聲香味觸法

눈의 경계도　의식의 경계까지도 없고
無眼界　乃至　無意識界

무 명 도　무명이 다함까지도 없으며
無無明　亦無無明盡

늙 고　죽 음 도　늙고 죽음이 다함까지도 없고
乃至　無老死　亦無老死盡

고 집 멸 도도 없으며　　　　지혜도 얼음도 없느니라

無苦集滅道　　無智亦無得

얻을 것이 없는 까닭에　　　　보 살 은

以無所得故　　菩提薩埵

반야바라밀다를　 의지하므로　　마음에 걸림이 없고

依般若波羅蜜多故　　心無罣碍

걸림이 없으므로　　두려움이 없어서

無罣碍故　　無有恐怖

뒤바뀐 헛된 생각을 멀리 떠나　　완전한 열반에 들어가며

遠離顚倒夢想　　究竟涅槃

삼세의 모든 부처님도　　반야바라밀다를　 의지하므로

三世諸佛　　依般若波羅蜜多故

최 상 의　 깨달음을　 얻느니라

得阿耨多羅三藐三菩提

반 야 바 라 밀 다 는　　가 장 신 비 하 고

故知般若波羅蜜多　　是大神呪

밝은 주문이며　　위없는 주문이며　　무엇과도 견줄 수 없는 주문이니

是大明呪　是無上呪　是無等等呪

온갖 괴로움을 없애고　　진실하여 허망하지 않음을 알지니라

能除一切苦　　眞實不虛

이제　 반 야 바 라 밀 다 주를　 말 하 리 라

故說般若波羅蜜多呪　卽說呪曰

아제 아제 바라아제 바라승아제 모지 사바하

아제 아제 바라아제 바라승아제 모지 사바하

아제 아제 바라아제 바라승아제 모지 사바하

摩訶般若波羅蜜多心經

관 자 재 보 살 이　　　깊은 반야바라밀다를 행할 때
觀自在菩薩 行深般若波羅蜜多時

오온이 공한 것을 비추어 보고　　온갖 고통에서 건너느니라
照見五蘊皆空　度一切苦厄

사 리 자 여　　색이 공과 다르지 않고　　공이 색과 다르지 않으며
舍利子 色不異空　空不異色

색 이 곧 공이요　　공이 곧 색이니
色卽是空　空卽是色

수 상 행 식 도　　그 러 하 니 라
受想行識 亦復如是

사 리 자 여　　모든 법은 공하여
舍利子 是諸法空相

나지도 멸하지도 않으며　더럽지도 깨끗하지도 않으며　늘지도 줄지도 않느니라
不生不滅　不垢不淨　不增不減

그러므로　　공 가운데는　　색이 없고　　수상행식도　없으며
是故 空中 無色 無受想行識

안 이 비 설 신 의 도　　없 고　　색 성 향 미 촉 법 도　없으며
無眼耳鼻舌身意 無色聲香味觸法

눈의 경계도　　　의식의 경계까지도 없고
無眼界 乃至 無意識界

무 명 도　　무명이 다함까지도 없으며
無無明 亦無無明盡

늙 고　죽 음 도　　늙고 죽음이 다함까지도 없고
乃至 無老死 亦無老死盡

고집멸도도 없으며　　지혜도 얻음도 없느니라
無苦集滅道　　無智亦無得

얻을 것이 없는 까닭에　　보 살 은
以無所得故　　菩提薩埵

반야바라밀다를 의지하므로　　마음에 걸림이 없고
依般若波羅蜜多故　　心無罣碍

걸림이 없으므로　　두려움이 없어서
無罣碍故　　無有恐怖

뒤바뀐 헛된 생각을 멀리 떠나　　완전한 열반에 들어가며
遠離顚倒夢想　　究竟涅槃

삼세의 모든 부처님도　　반야바라밀다를 의지하므로
三世諸佛　　依般若波羅蜜多故

최 상 의　　깨 달 음 을　　얻 느 니 라
得阿耨多羅三藐三菩提

반 야 바 라 밀 다 는　　가 장 신 비 하 고
故知般若波羅蜜多　　是大神呪

밝은 주문이며　　위없는 주문이며　　무엇과도 견줄 수 없는 주문이니
是大明呪　　是無上呪　　是無等等呪

온갖 괴로움을 없애고　　진실하여 허망하지 않음을 알지니라
能除一切苦　　眞實不虛

이 제　　반 야 바 라 밀 다 주 를　　말 하 리 라
故說般若波羅蜜多呪　　卽說呪曰

아제 아제 바라아제 바라승아제 모지 사바하

아제 아제 바라아제 바라승아제 모지 사바하

아제 아제 바라아제 바라승아제 모지 사바하

摩訶般若波羅蜜多心經

관자재보살이　깊은 반야바라밀다를 행할 때
觀自在菩薩　行深般若波羅蜜多時

오온이 공한 것을 비추어 보고　온갖 고통에서 건너느니라
照見五蘊皆空　度一切苦厄

사리자여　색이 공과 다르지 않고　공이 색과 다르지 않으며
舍利子 色不異空　空不異色

색이 곧 공이요　공이 곧 색이니
色卽是空　空卽是色

수상행식도　그러하니라
受想行識 亦復如是

사리자여　모든 법은 공하여
舍利子 是諸法空相

나지도 멸하지도 않으며　더럽지도 깨끗하지도 않으며　늘지도 줄지도 않느니라
不生不滅　不垢不淨　不增不減

그러므로　공 가운데는　색이 없고　수상행식도 없으며
是故 空中 無色 無受想行識

안 이 비 설 신 의 도　없 고　색 성 향 미 촉 법 도　없 으 며
無眼耳鼻舌身意 無色聲香味觸法

눈의 경계도　의식의 경계까지도　없고
無眼界 乃至 無意識界

무 명 도　무명이 다함까지도 없으며
無無明 亦無無明盡

늙 고　죽 음 도　늙고 죽음이 다함까지도 없고
乃至 無老死 亦無老死盡

고집멸도도 없으며　　　지혜도 얻음도 없느니라
無苦集滅道　無智亦無得

얻을 것이 없는 까닭에　　　보　살　은
以無所得故　菩提薩埵

반야바라밀다를　의지하므로　　마음에 걸림이 없고
依般若波羅蜜多故　心無罣碍

걸림이 없으므로　　두려움이 없어서
無罣碍故　無有恐怖

뒤바뀐 헛된 생각을 멀리 떠나　완전한 열반에 들어가며
遠離顚倒夢想　究竟涅槃

삼세의 모든 부처님도　반야바라밀다를　의지하므로
三世諸佛　依般若波羅蜜多故

최 상 의　깨 달 음 을　얻 느 니 라
得阿耨多羅三藐三菩提

반　야　바　라　밀　다　는　　가 장 신 비 하 고
故知般若波羅蜜多　是大神呪

밝 은 주 문 이 며　위 없 는 주 문 이 며　무엇과도 견줄 수 없는 주문이니
是大明呪　是無上呪　是無等等呪

온갖 괴로움을 없애고　진실하여 허망하지 않음을 알지니라
能除一切苦　眞實不虛

이　제　반　야　바　라　밀　다　주　를　말　하　리　라
故說般若波羅蜜多呪　卽說呪曰

아제 아제 바라아제 바라승아제 모지 사바하

아제 아제 바라아제 바라승아제 모지 사바하

아제 아제 바라아제 바라승아제 모지 사바하

摩訶般若波羅蜜多心經

관 자 재 보 살 이   깊은 반야바라밀다를 행할 때
觀自在菩薩 行深般若波羅蜜多時

오온이 공한 것을 비추어 보고   온갖 고통에서 건너느니라
照見五蘊皆空 度一切苦厄

사 리 자 여   색이 공과 다르지 않고   공이 색과 다르지 않으며
舍利子 色不異空 空不異色

색 이 곧 공 이 요   공 이 곧 색 이 니
色卽是空 空卽是色

수 상 행 식 도   그 러 하 니 라
受想行識 亦復如是

사 리 자 여   모 든 법 은 공 하 여
舍利子 是諸法空相

나지도 멸하지도 않으며   더럽지도 깨끗하지도 않으며   늘지도 줄지도 않느니라
不生不滅 不垢不淨 不增不減

그러므로   공 가운데는   색이 없고   수 상 행 식 도   없 으 며
是故 空中 無色 無受想行識

안 이 비 설 신 의 도   없 고   색 성 향 미 촉 법 도   없 으 며
無眼耳鼻舌身意 無色聲香味觸法

눈 의 경 계 도   의 식 의 경 계 까 지 도   없 고
無眼界 乃至 無意識界

무 명 도   무명이 다함까지도 없으며
無無明 亦無無明盡

늙 고   죽 음 도   늙고 죽음이 다함까지도 없고
乃至 無老死 亦無老死盡

고 집 멸 도 도　없 으 며　　　　지혜도 얻음도 없느니라
無苦集滅道　無智亦無得
얻을 것이 없는 까닭에　　　　보 살 은
以無所得故　菩提薩埵
반 야 바 라 밀 다 를　의 지 하 므 로　　마음에 걸림이 없고
依般若波羅蜜多故　心無罣碍
걸림이 없으므로　　　　두 려 움 이　없 어 서
無罣碍故　無有恐怖
뒤바뀐 헛된 생각을 멀리 떠나　　완전한 열반에 들어가며
遠離顛倒夢想　究竟涅槃
삼세의 모든 부처님도　　　반 야 바 라 밀 다 를　의 지 하 므 로
三世諸佛　依般若波羅蜜多故
최 상 의　깨 달 음 을　얻 느 니 라
得阿耨多羅三藐三菩提
반 야 바 라 밀 다 는　　가 장　신 비 하 고
故知般若波羅蜜多　是大神呪
밝 은　주 문 이 며　위없는 주문이며　무엇과도 견줄 수 없는 주문이니
是大明呪　是無上呪　是無等等呪
온갖 괴로움을 없애고　진실하여 허망하지 않음을 알지니라
能除一切苦　眞實不虛
이 제　반 야 바 라 밀 다 주 를　말 하 리 라
故說般若波羅蜜多呪　卽說呪曰
아제 아제 바라아제 바라승아제 모지 사바하
아제 아제 바라아제 바라승아제 모지 사바하
아제 아제 바라아제 바라승아제 모지 사바하

摩訶般若波羅蜜多心經

관자재보살이　깊은 반야바라밀다를 행할 때
觀自在菩薩 行深般若波羅蜜多時

오온이 공한 것을 비추어 보고　온갖 고통에서 건너느니라
照見五蘊皆空 度一切苦厄

사리자여　색이 공과 다르지 않고　공이 색과 다르지 않으며
舍利子 色不異空 空不異色

색이 곧 공이요　공이 곧 색이니
色卽是空 空卽是色

수상행식도　그러하니라
受想行識 亦復如是

사리자여　모든 법은 공하여
舍利子 是諸法空相

나지도 멸하지도 않으며　더럽지도 깨끗하지도 않으며　늘지도 줄지도 않느니라
不生不滅 不垢不淨 不增不減

그러므로　공 가운데는　색이 없고　수상행식도 없으며
是故 空中 無色 無受想行識

안 이 비 설 신 의도　없고　색성향미촉법도　없으며
無眼耳鼻舌身意 無色聲香味觸法

눈의 경계도　의식의 경계까지도 없고
無眼界 乃至 無意識界

무 명 도　무명이 다함까지도 없으며
無無明 亦無無明盡

늙 고　죽 음 도　늙고 죽음이 다함까지도 없고
乃至 無老死 亦無老死盡

고 집 멸 도 도 없으며 　　　지혜도 얻음도 없느니라

無苦集滅道　無智亦無得

얻을 것이 없는 까닭에 　　　　보 살 은

以無所得故　菩提薩埵

반야바라밀다를　의지하므로　　마음에 걸림이 없고

依般若波羅蜜多故　心無罣碍

걸림이 없으므로　　두려움이 없어서

無罣碍故　無有恐怖

뒤바뀐 헛된 생각을 멀리 떠나　완전한 열반에 들어가며

遠離顚倒夢想　究竟涅槃

삼세의 모든 부처님도　　반야바라밀다를　의지하므로

三世諸佛　依般若波羅蜜多故

최 상 의　깨 달 음 을　얻 느 니 라

得阿耨多羅三藐三菩提

반 야 바 라 밀 다 는　　　가 장 신 비 하 고

故知般若波羅蜜多　是大神呪

밝은 주문이며　　위없는 주문이며　무엇과도 견줄 수 없는 주문이니

是大明呪　是無上呪　是無等等呪

온갖 괴로움을 없애고　진실하여 허망하지 않음을 알지니라

能除一切苦　眞實不虛

이 제　　반 야 바 라 밀 다 주 를　말 하 리 라

故說般若波羅蜜多呪　卽說呪曰

아제 아제 바라아제 바라승아제 모지 사바하

아제 아제 바라아제 바라승아제 모지 사바하

아제 아제 바라아제 바라승아제 모지 사바하

摩訶般若波羅蜜多心經

관자재보살이　깊은 반야바라밀다를 행할 때
觀自在菩薩 行深般若波羅蜜多時

오온이 공한 것을 비추어 보고　온갖 고통에서 건너느니라
照見五蘊皆空 度一切苦厄

사리자여　색이 공과 다르지 않고　공이 색과 다르지 않으며
舍利子 色不異空 空不異色

색이 곧 공이요　공이 곧 색이니
色卽是空 空卽是色

수상행식도　그러하니라
受想行識 亦復如是

사리자여　모든 법은 공하여
舍利子 是諸法空相

나지도 멸하지도 않으며　더럽지도 깨끗하지도 않으며　늘지도 줄지도 않느니라
不生不滅 不垢不淨 不增不減

그러므로　공 가운데는　색이 없고　수상행식도 없으며
是故 空中 無色 無受想行識

안이비설신의도 없고　색성향미촉법도 없으며
無眼耳鼻舌身意 無色聲香味觸法

눈의 경계도　의식의 경계까지도 없고
無眼界 乃至 無意識界

무명도　무명이 다함까지도 없으며
無無明 亦無無明盡

늙고 죽음도　늙고 죽음이 다함까지도 없고
乃至 無老死 亦無老死盡

고 집 멸 도 도 없 으 며 　　지 혜 도 얻 음 도 없 느 니 라

無苦集滅道　　無智亦無得

얻 을 것 이 없 는 까 닭 에　　　　보 살 은

以無所得故　　菩提薩埵

반 야 바 라 밀 다 를 　의 지 하 므 로　　마 음 에 걸 림 이 없 고

依般若波羅蜜多故　心無罣碍

걸 림 이 없 으 므 로　　두 려 움 이 없 어 서

無罣碍故　　無有恐怖

뒤 바 뀐 헛 된 생 각 을 멀 리 떠 나　　완 전 한 열 반 에 들 어 가 며

遠離顚倒夢想　　究竟涅槃

삼 세 의 모 든 부 처 님 도　　반 야 바 라 밀 다 를 　의 지 하 므 로

三世諸佛　依般若波羅蜜多故

최 상 의 　깨 달 음 을 　얻 느 니 라

得阿耨多羅三藐三菩提

반 야 바 라 밀 다 는　　가 장 신 비 하 고

故知般若波羅蜜多　是大神呪

밝 은 주 문 이 며　　위 없 는 주 문 이 며　　무 엇 과 도 견 줄 수 없 는 주 문 이 니

是大明呪　是無上呪　是無等等呪

온 갖 괴 로 움 을 없 애 고　　진 실 하 여 허 망 하 지 않 음 을 알 지 니 라

能除一切苦　　眞實不虛

이 제 　반 야 바 라 밀 다 주 를 　　말 하 리 라

故說般若波羅蜜多呪　卽說呪曰

아제 아제 바라아제 바라승아제 모지 사바하

아제 아제 바라아제 바라승아제 모지 사바하

아제 아제 바라아제 바라승아제 모지 사바하

摩訶般若波羅蜜多心經

관자재보살이　깊은 반야바라밀다를 행할 때
觀自在菩薩 行深般若波羅蜜多時

오온이 공한 것을 비추어 보고　온갖 고통에서 건너느니라
照見五蘊皆空 度一切苦厄

사리자여　색이 공과 다르지 않고　공이 색과 다르지 않으며
舍利子 色不異空 空不異色

색이 곧 공이요　공이 곧 색이니
色卽是空 空卽是色

수상행식도　그러하니라
受想行識 亦復如是

사리자여　모든 법은 공하여
舍利子 是諸法空相

나지도 멸하지도 않으며　더럽지도 깨끗하지도 않으며　늘지도 줄지도 않느니라
不生不滅 不垢不淨 不增不減

그러므로　공 가운데는　색이 없고　수상행식도 없으며
是故 空中 無色 無受想行識

안 이 비 설 신 의 도　없고　색 성 향 미 촉 법 도　없으며
無眼耳鼻舌身意 無色聲香味觸法

눈의 경계도　의식의 경계까지도 없고
無眼界 乃至 無意識界

무 명 도　무명이 다함까지도 없으며
無無明 亦無無明盡

늙 고　죽 음 도　늙고 죽음이 다함까지도 없고
乃至 無老死 亦無老死盡

고 집 멸 도 도 없으며   지혜도 얻음도 없느니라
無苦集滅道   無智亦無得

얻을 것이 없는 까닭에   보 살 은
以無所得故   菩提薩埵

반야바라밀다를   의지하므로   마음에 걸림이 없고
依般若波羅蜜多故   心無罣碍

걸림이 없으므로   두려움이 없어서
無罣碍故   無有恐怖

뒤바뀐 헛된 생각을 멀리 떠나   완전한 열반에 들어가며
遠離顚倒夢想   究竟涅槃

삼세의 모든 부처님도   반야바라밀다를   의지하므로
三世諸佛   依般若波羅蜜多故

최 상 의   깨 달 음 을   얻 느 니 라
得阿耨多羅三藐三菩提

반 야 바 라 밀 다 는   가 장 신 비 하 고
故知般若波羅蜜多   是大神呪

밝은 주문이며   위없는 주문이며   무엇과도 견줄 수 없는 주문이니
是大明呪   是無上呪   是無等等呪

온갖 괴로움을 없애고   진실하여 허망하지 않음을 알지니라
能除一切苦   眞實不虛

이제   반야바라밀다주를   말하리라
故說般若波羅蜜多呪   卽說呪曰

아제 아제 바라아제 바라승아제 모지 사바하

아제 아제 바라아제 바라승아제 모지 사바하

아제 아제 바라아제 바라승아제 모지 사바하

摩訶般若波羅蜜多心經

관자재보살이　　깊은 반야바라밀다를 행할 때
觀自在菩薩　行深般若波羅蜜多時

오온이 공한 것을 비추어 보고　　온갖 고통에서 건너느니라
照見五蘊皆空　度一切苦厄

사 리 자 여　색이 공과 다르지 않고　　공이 색과 다르지 않으며
舍利子　色不異空　空不異色

색 이 곧 공 이 요　　공이 곧 색이니
色卽是空　空卽是色

수 상 행 식 도　　그 러 하 니 라
受想行識　亦復如是

사 리 자 여　모든 법은 공하여
舍利子　是諸法空相

나지도 멸하지도 않으며　더럽지도 깨끗하지도 않으며　늘지도 줄지도 않느니라
不生不滅　不垢不淨　不增不減

그러므로　공 가운데는　색이 없고　수상행식도　없 으며
是故　空中　無色　無受想行識

안 이 비 설 신 의 도　없 고　색 성 향 미 촉 법 도　없 으며
無眼耳鼻舌身意　無色聲香味觸法

눈의 경계도　　의식의 경계까지도 없고
無眼界　乃至　無意識界

무 명 도　무명이 다함까지도 없으며
無無明　亦無無明盡

늙 고　죽 음 도　늙고 죽음이 다함까지도 없고
乃至　無老死　亦無老死盡

고 집 멸 도 도 없 으 며 　　지혜도 얻음도 없느니라
無苦集滅道 　無智亦無得
얻을 것이 없는 까닭에 　　보 살 은
以無所得故 　菩提薩埵
반 야 바 라 밀 다 를 　의지하므로 　마음에 걸림이 없고
依般若波羅蜜多故 　心無罣碍
걸림이 없으므로 　　두려움이 없어서
無罣碍故 　無有恐怖
뒤바뀐 헛된 생각을 멀리 떠나 　　완전한 열반에 들어가며
遠離顚倒夢想 　究竟涅槃
삼세의 모든 부처님도 　　반야바라밀다를 　의지하므로
三世諸佛 　依般若波羅蜜多故
최 상 의 　깨 달 음 을 　얻 느 니 라
得阿耨多羅三藐三菩提
반 야 바 라 밀 다 는 　가 장 신 비 하 고
故知般若波羅蜜多 　是大神呪
밝은 주문이며 　위없는 주문이며 　무엇과도 견줄 수 없는 주문이니
是大明呪 　是無上呪 　是無等等呪
온갖 괴로움을 없애고 　진실하여 허망하지 않음을 알지니라
能除一切苦 　眞實不虛
이제 　반야바라밀다주를 　말하리라
故說般若波羅蜜多呪 　即說呪曰
아제 아제 바라아제 바라승아제 모지 사바하
아제 아제 바라아제 바라승아제 모지 사바하
아제 아제 바라아제 바라승아제 모지 사바하

摩訶般若波羅蜜多心經

관자재보살이 깊은 반야바라밀다를 행할 때
觀自在菩薩 行深般若波羅蜜多時

오온이 공한 것을 비추어 보고 온갖 고통에서 건너느니라
照見五蘊皆空 度一切苦厄

사리자여 색이 공과 다르지 않고 공이 색과 다르지 않으며
舍利子 色不異空 空不異色

색이 곧 공이요 공이 곧 색이니
色卽是空 空卽是色

수 상 행 식 도 그 러 하 니 라
受想行識 亦復如是

사리자여 모든 법은 공하여
舍利子 是諸法空相

나지도 멸하지도 않으며 더럽지도 깨끗하지도 않으며 늘지도 줄지도 않느니라
不生不滅 不垢不淨 不增不減

그러므로 공 가운데는 색이 없고 수상행식도 없으며
是故 空中 無色 無受想行識

안 이 비 설 신 의 도 없 고 색성향미촉법도 없으며
無眼耳鼻舌身意 無色聲香味觸法

눈의 경계도 의식의 경계까지도 없고
無眼界 乃至 無意識界

무 명 도 무명이 다함까지도 없으며
無無明 亦無無明盡

늙 고 죽 음 도 늙고 죽음이 다함까지도 없고
乃至 無老死 亦無老死盡

고 집 멸 도 도 없 으 며　　　　지혜도 얻음도 없느니라
無苦集滅道　　無智亦無得

얻을 것이 없는 까닭에　　　　보 살 은
以無所得故　　菩提薩埵

반야바라밀다를　　의지하므로　　마음에 걸림이 없고
依般若波羅蜜多故　　心無罣碍

걸림이 없으므로　　　두려움이 없어서
無罣碍故　　無有恐怖

뒤바뀐 헛된 생각을 멀리 떠나　　완전한 열반에 들어가며
遠離顚倒夢想　　究竟涅槃

삼세의 모든 부처님도　　반야바라밀다를　의지하므로
三世諸佛　　依般若波羅蜜多故

최 상 의　　깨 달 음 을　　얻 느 니 라
得阿耨多羅三藐三菩提

반 야 바 라 밀 다 는　　가 장 신 비 하 고
故知般若波羅蜜多　　是大神呪

밝 은 주 문 이 며　　위 없 는 주 문 이 며　　무엇과도 견줄 수 없는 주문이니
是大明呪　　是無上呪　　是無等等呪

온갖 괴로움을 없애고　　진실하여 허망하지 않음을 알지니라
能除一切苦　　眞實不虛

이 제　　반 야 바 라 밀 다 주 를　　말 하 리 라
故說般若波羅蜜多呪　　即說呪曰

아제 아제 바라아제 바라승아제 모지 사바하

아제 아제 바라아제 바라승아제 모지 사바하

아제 아제 바라아제 바라승아제 모지 사바하

摩訶般若波羅蜜多心經

관 자 재 보 살 이　　깊은　반야바라밀다를　행할　때
觀自在菩薩　行深般若波羅蜜多時

오온이 공한 것을 비추어 보고　　온갖 고통에서 건너느니라
照見五蘊皆空　度一切苦厄

사 리 자 여　　색이 공과 다르지 않고　　공이 색과 다르지 않으며
舍利子　色不異空　空不異色

색 이 곧 공 이 요　　공 이 곧 색 이 니
色卽是空　空卽是色

수 상 행 식 도　　그 러 하 니 라
受想行識　亦復如是

사 리 자 여　　모 든 법 은 공 하 여
舍利子　是諸法空相

나지도 멸하지도 않으며　더럽지도 깨끗하지도 않으며　늘지도 줄지도 않느니라
不生不滅　不垢不淨　不增不減

그러므로　　공 가운데는　　색이 없고　　수상행식도　없으며
是故　空中　無色　無受想行識

안 이 비 설 신 의 도　　없 고　　색 성 향 미 촉 법 도　　없 으 며
無眼耳鼻舌身意　無色聲香味觸法

눈 의 경 계 도　　의 식 의　경 계 까 지 도　 없 고
無眼界　乃至　無意識界

무　명　도　　무명이 다함까지도 없으며
無無明　亦無無明盡

늙 고　　죽 음 도　　늙고 죽음이 다함까지도 없고
乃至　無老死　亦無老死盡

고 집 멸 도 도 없으며　　지혜도 얻음도 없느니라
無苦集滅道　無智亦無得

얻을 것이 없는 까닭에　　보 살 은
以無所得故　菩提薩埵

반야바라밀다를　의지하므로　　마음에 걸림이 없고
依般若波羅蜜多故　心無罣碍

걸림이 없으므로　　두려움이 없어서
無罣碍故　無有恐怖

뒤바뀐 헛된 생각을 멀리 떠나　　완전한 열반에 들어가며
遠離顚倒夢想　究竟涅槃

삼세의 모든 부처님도　　반야바라밀다를　의지하므로
三世諸佛　依般若波羅蜜多故

최 상 의　깨 달 음 을　얻 느 니 라
得阿耨多羅三藐三菩提

반 야 바 라 밀 다 는　　가 장 신 비 하 고
故知般若波羅蜜多　是大神呪

밝 은 주 문 이 며　위없는 주문이며　무엇과도 견줄 수 없는 주문이니
是大明呪　是無上呪　是無等等呪

온갖 괴로움을 없애고　진실하여 허망하지 않음을 알지니라
能除一切苦　眞實不虛

이 제　반 야 바 라 밀 다 주 를　말 하 리 라
故說般若波羅蜜多呪　卽說呪曰

아제 아제 바라아제 바라승아제 모지 사바하

아제 아제 바라아제 바라승아제 모지 사바하

아제 아제 바라아제 바라승아제 모지 사바하

摩訶般若波羅蜜多心經

관 자 재 보 살 이　　깊은 반야바라밀다를 행할 때
觀自在菩薩 行深般若波羅蜜多時

오온이 공한 것을 비추어 보고　　온갖 고통에서 건너느니라
照見五蘊皆空 度一切苦厄

사 리 자 여　색이 공과 다르지 않고　공이 색과 다르지 않으며
舍利子 色不異空 空不異色

색이 곧 공이요　공이 곧 색이니
色卽是空 空卽是色

수 상 행 식 도　그 러 하 니 라
受想行識 亦復如是

사 리 자 여　모든 법은 공하여
舍利子 是諸法空相

나지도 멸하지도 않으며　더럽지도 깨끗하지도 않으며　늘지도 줄지도 않느니라
不生不滅 不垢不淨 不增不減

그러므로　공 가운데는　색이 없고　수상행식도 없으며
是故 空中 無色 無受想行識

안 이 비 설 신 의 도　없 고　색성향미촉법도　없으며
無眼耳鼻舌身意 無色聲香味觸法

눈의 경계도　의식의 경계까지도 없고
無眼界 乃至 無意識界

무 명 도　무명이 다함까지도 없으며
無無明 亦無無明盡

늙 고　죽 음 도　늙고 죽음이 다함까지도 없고
乃至 無老死 亦無老死盡

고집멸도도 없으며　　　　지혜도 얻음도 없느니라

無苦集滅道　　無智亦無得

얻을 것이 없는 까닭에　　　　보 살 은

以無所得故　　菩提薩埵

반야바라밀다를 의지하므로　　마음에 걸림이 없고

依般若波羅蜜多故　心無罣碍

걸림이 없으므로　　　두려움이 없어서

無罣碍故　　無有恐怖

뒤바뀐 헛된 생각을 멀리 떠나　　완전한 열반에 들어가며

遠離顚倒夢想　　究竟涅槃

삼세의 모든 부처님도　　반야바라밀다를 의지하므로

三世諸佛　　依般若波羅蜜多故

최 상 의　　깨 달 음 을　　　얻 느 니 라

得阿耨多羅三藐三菩提

반 야 바 라 밀 다 는　　　가 장 신 비 하 고

故知般若波羅蜜多　　是大神呪

밝은 주문이며　　위없는 주문이며　　무엇과도 견줄 수 없는 주문이니

是大明呪　是無上呪　是無等等呪

온갖 괴로움을 없애고　　진실하여 허망하지 않음을 알지니라

能除一切苦　　眞實不虛

이 제　　반 야 바 라 밀 다 주 를　　말 하 리 라

故說般若波羅蜜多呪　卽說呪曰

아제 아제 바라아제 바라승아제 모지 사바하

아제 아제 바라아제 바라승아제 모지 사바하

아제 아제 바라아제 바라승아제 모지 사바하

摩訶般若波羅蜜多心經

관 자 재 보 살 이　　깊 은　반 야 바 라 밀 다 를　행 할 때
觀自在菩薩　行深般若波羅蜜多時

오 온 이 공 한 것 을 비 추 어 보 고　　온 갖 고 통 에 서 건 너 느 니 라
照見五蘊皆空　度一切苦厄

사 리 자 여　　색 이 공 과 다 르 지 않 고　　공 이 색 과 다 르 지 않 으 며
舍利子　色不異空　空不異色

색 이 곧 공 이 요　　공 이 곧 색 이 니
色卽是空　空卽是色

수 상 행 식 도　　그 러 하 니 라
受想行識　亦復如是

사 리 자 여　　모 든 법 은 공 하 여
舍利子　是諸法空相

나 지 도 멸 하 지 도 않 으 며　더 럽 지 도 깨 끗 하 지 도 않 으 며　늘 지 도 줄 지 도 않 느 니 라
不生不滅　不垢不淨　不增不減

그 러 므 로　공 가 운 데 는　색 이 없 고　수 상 행 식 도　없 으 며
是故　空中　無色　無受想行識

안 이 비 설 신 의 도　없 고　색 성 향 미 촉 법 도　없 으 며
無眼耳鼻舌身意　無色聲香味觸法

눈 의 경 계 도　　의 식 의 경 계 까 지 도　없 고
無眼界　乃至　無意識界

무 명 도　　무 명 이 다 함 까 지 도 없 으 며
無無明　亦無無明盡

늙 고　죽 음 도　　늙 고 죽 음 이 다 함 까 지 도 없 고
乃至　無老死　亦無老死盡

고집멸도도 없으며　　　지혜도 얻음도 없느니라

無苦集滅道　　無智亦無得

얻을 것이 없는 까닭에　　　보살은

以無所得故　　菩提薩埵

반야바라밀다를　　의지하므로　　마음에 걸림이 없고

依般若波羅蜜多故　心無罣碍

걸림이 없으므로　　두려움이 없어서

無罣碍故　　無有恐怖

뒤바뀐 헛된 생각을 멀리 떠나　　완전한 열반에 들어가며

遠離顚倒夢想　　究竟涅槃

삼세의 모든 부처님도　　반야바라밀다를　의지하므로

三世諸佛　依般若波羅蜜多故

최상의　　깨달음을　　얻느니라

得阿耨多羅三藐三菩提

반야바라밀다는　　가장 신비하고

故知般若波羅蜜多　是大神呪

밝은 주문이며　　위없는 주문이며　무엇과도 견줄 수 없는 주문이니

是大明呪　是無上呪　是無等等呪

온갖 괴로움을 없애고　진실하여 허망하지 않음을 알지니라

能除一切苦　　眞實不虛

이제　　반야바라밀다주를　　말하리라

故說般若波羅蜜多呪　卽說呪曰

아제 아제 바라아제 바라승아제 모지 사바하

아제 아제 바라아제 바라승아제 모지 사바하

아제 아제 바라아제 바라승아제 모지 사바하

摩訶般若波羅蜜多心經

관자재보살이　깊은 반야바라밀다를 행할 때
觀自在菩薩　行深般若波羅蜜多時

오온이 공한 것을 비추어 보고　온갖 고통에서 건너느니라
照見五蘊皆空　度一切苦厄

사리자여　색이 공과 다르지 않고　공이 색과 다르지 않으며
舍利子 色不異空　空不異色

색이 곧 공이요　공이 곧 색이니
色卽是空　空卽是色

수상행식도　그러하니라
受想行識　亦復如是

사리자여　모든 법은 공하여
舍利子 是諸法空相

나지도 멸하지도 않으며　더럽지도 깨끗하지도 않으며　늘지도 줄지도 않느니라
不生不滅　不垢不淨　不增不減

그러므로　공 가운데는　색이 없고　수상행식도 없으며
是故　空中　無色　無受想行識

안 이 비 설 신 의도　없고　색 성 향 미 촉 법도　없으며
無眼耳鼻舌身意 無色聲香味觸法

눈의 경계도　의식의 경계까지도 없고
無眼界　乃至　無意識界

무 명도　무명이 다함까지도 없으며
無無明　亦無無明盡

늙고　죽음도　늙고 죽음이 다함까지도 없고
乃至　無老死 亦無老死盡

고 집 멸 도 도　없 으 며　　지 혜 도　얻 음 도　없 느 니 라

無苦集滅道　無智亦無得

얻 을 것 이 없 는　까 닭 에　　　　보　살　은

以無所得故　菩提薩埵

반 야 바 라 밀 다 를　의 지 하 므 로　　마 음 에　걸 림 이　없 고

依般若波羅蜜多故　心無罣碍

걸 림 이　없 으 므 로　　두 려 움 이　없 어 서

無罣碍故　無有恐怖

뒤 바 뀐 헛 된 생 각 을 멀 리 떠 나　　완 전 한　열 반 에　들 어 가 며

遠離顚倒夢想　究竟涅槃

삼 세 의 모 든 부 처 님 도　　반 야 바 라 밀 다 를　의 지 하 므 로

三世諸佛　依般若波羅蜜多故

최　상 의　　깨 달 음 을　　얻 느 니 라

得阿耨多羅三藐三菩提

반　야　바　라　밀　다　는　　　가 장　신 비 하 고

故知般若波羅蜜多　是大神呪

밝 은　주 문 이 며　　위 없 는　주 문 이 며　　무 엇 과 도 견 줄 수 없 는 주 문 이 니

是大明呪　是無上呪　是無等等呪

온 갖 괴 로 움 을　없 애 고　　진 실 하 여 허 망 하 지 않 음 을 알 지 니 라

能除一切苦　眞實不虛

이　제　　반 야 바 라 밀 다 주 를　　말 하 리 라

故說般若波羅蜜多呪　卽說呪曰

아제 아제 바라아제 바라승아제 모지 사바하

아제 아제 바라아제 바라승아제 모지 사바하

아제 아제 바라아제 바라승아제 모지 사바하

摩訶般若波羅蜜多心經

관자재보살이　　깊은 반야바라밀다를 행할 때
觀自在菩薩 行深般若波羅蜜多時

오온이 공한 것을 비추어 보고　　온갖 고통에서 건너느니라
照見五蘊皆空 度一切苦厄

사리자여　　색이 공과 다르지 않고　　공이 색과 다르지 않으며
舍利子 色不異空 空不異色

색이 곧 공이요　　공이 곧 색이니
色卽是空 空卽是色

수상행식도　　그러하니라
受想行識 亦復如是

사리자여　　모든 법은 공하여
舍利子 是諸法空相

나지도 멸하지도 않으며　　더럽지도 깨끗하지도 않으며　　늘지도 줄지도 않느니라
不生不滅 不垢不淨 不增不減

그러므로　　공 가운데는　　색이 없고　　수상행식도　없으며
是故 空中 無色 無受想行識

안 이 비 설 신 의 도　　없 고　　색 성 향 미 촉 법 도　　없 으 며
無眼耳鼻舌身意 無色聲香味觸法

눈의 경계도　　의식의 경계까지도 없고
無眼界 乃至 無意識界

무 명 도　　무명이 다함까지도 없으며
無無明 亦無無明盡

늙고　죽음도　　늙고 죽음이 다함까지도 없고
乃至 無老死 亦無老死盡

고 집 멸 도 도 없으며　지혜도 얻음도 없느니라
無苦集滅道　無智亦無得

얻을 것이 없는 까닭에　보 살 은
以無所得故　菩提薩埵

반야바라밀다를 의지하므로　마음에 걸림이 없고
依般若波羅蜜多故　心無罣碍

걸림이 없으므로　두려움이 없어서
無罣碍故　無有恐怖

뒤바뀐 헛된 생각을 멀리 떠나　완전한 열반에 들어가며
遠離顚倒夢想　究竟涅槃

삼세의 모든 부처님도　반야바라밀다를 의지하므로
三世諸佛　依般若波羅蜜多故

최 상 의　깨 달 음 을　얻 느 니 라
得阿耨多羅三藐三菩提

반 야 바 라 밀 다 는　가 장 신 비 하 고
故知般若波羅蜜多　是大神呪

밝은 주문이며　위없는 주문이며　무엇과도 견줄 수 없는 주문이니
是大明呪　是無上呪　是無等等呪

온갖 괴로움을 없애고　진실하여 허망하지 않음을 알지니라
能除一切苦　眞實不虛

이 제　반 야 바 라 밀 다 주 를　말 하 리 라
故說般若波羅蜜多呪　卽說呪曰

아제 아제 바라아제 바라승아제 모지 사바하

아제 아제 바라아제 바라승아제 모지 사바하

아제 아제 바라아제 바라승아제 모지 사바하

摩訶般若波羅蜜多心經

관자재보살이 깊은 반야바라밀다를 행할 때
觀自在菩薩 行深般若波羅蜜多時

오온이 공한 것을 비추어 보고 온갖 고통에서 건너느니라
照見五蘊皆空 度一切苦厄

사리자여 색이 공과 다르지 않고 공이 색과 다르지 않으며
舍利子 色不異空 空不異色

색이 곧 공이요 공이 곧 색이니
色卽是空 空卽是色

수상행식도 그러하니라
受想行識 亦復如是

사리자여 모든 법은 공하여
舍利子 是諸法空相

나지도 멸하지도 않으며 더럽지도 깨끗하지도 않으며 늘지도 줄지도 않느니라
不生不滅 不垢不淨 不增不減

그러므로 공 가운데는 색이 없고 수상행식도 없으며
是故 空中 無色 無受想行識

안이비설신의도 없고 색성향미촉법도 없으며
無眼耳鼻舌身意 無色聲香味觸法

눈의 경계도 의식의 경계까지도 없고
無眼界 乃至 無意識界

무명도 무명이 다함까지도 없으며
無無明 亦無無明盡

늙고 죽음도 늙고 죽음이 다함까지도 없고
乃至 無老死 亦無老死盡

고 집 멸 도 도 없 으 며   지 혜 도 얻 음 도 없 느 니 라

無苦集滅道　無智亦無得

얻 을 것 이 없 는 까 닭 에   보 살 은

以無所得故　菩提薩埵

반 야 바 라 밀 다 를   의 지 하 므 로   마 음 에 걸 림 이 없 고

依般若波羅蜜多故　心無罣碍

걸 림 이 없 으 므 로   두 려 움 이 없 어 서

無罣碍故　無有恐怖

뒤 바 뀐 헛 된 생 각 을 멀 리 떠 나   완 전 한 열 반 에 들 어 가 며

遠離顚倒夢想　究竟涅槃

삼 세 의 모 든 부 처 님 도   반 야 바 라 밀 다 를   의 지 하 므 로

三世諸佛　依般若波羅蜜多故

최 상 의   깨 달 음 을   얻 느 니 라

得阿耨多羅三藐三菩提

반 야 바 라 밀 다 는   가 장 신 비 하 고

故知般若波羅蜜多　是大神呪

밝 은 주 문 이 며   위 없 는 주 문 이 며   무 엇 과 도 견 줄 수 없 는 주 문 이 니

是大明呪　是無上呪　是無等等呪

온 갖 괴 로 움 을 없 애 고   진 실 하 여 허 망 하 지 않 음 을 알 지 니 라

能除一切苦　眞實不虛

이 제   반 야 바 라 밀 다 주 를   말 하 리 라

故說般若波羅蜜多呪　卽說呪曰

아제 아제 바라아제 바라승아제 모지 사바하

아제 아제 바라아제 바라승아제 모지 사바하

아제 아제 바라아제 바라승아제 모지 사바하

摩訶般若波羅蜜多心經

관자재보살이　　깊은 반야바라밀다를 행할 때
觀自在菩薩　行深般若波羅蜜多時

오온이 공한 것을 비추어 보고　　온갖 고통에서 건너느니라
照見五蘊皆空　度一切苦厄

사리자여　　색이 공과 다르지 않고　　공이 색과 다르지 않으며
舍利子 色不異空　空不異色

색이 곧 공이요　　공이 곧 색이니
色即是空　空即是色

수상행식도　　그러하니라
受想行識　亦復如是

사리자여　　모든 법은 공하여
舍利子 是諸法空相

나지도 멸하지도 않으며　더럽지도 깨끗하지도 않으며　늘지도 줄지도 않느니라
不生不滅　不垢不淨　不增不減

그러므로　공 가운데는　색이 없고　수상행식도 없으며
是故 空中 無色　無受想行識

안 이 비 설 신 의 도　없고　색 성 향 미 촉 법도　없으며
無眼耳鼻舌身意 無色聲香味觸法

눈의 경계도　　의식의 경계까지도　없고
無眼界 乃至 無意識界

무명도　무명이 다함까지도 없으며
無無明 亦無無明盡

늙고 죽음도　늙고 죽음이 다함까지도 없고
乃至 無老死 亦無老死盡

108

고집멸도도 없으며 　　　지혜도 얻음도 없느니라
無苦集滅道 　　無智亦無得

얻을 것이 없는 까닭에 　　　보　살　은
以無所得故 　　菩提薩埵

반야바라밀다를　의지하므로 　　마음에 걸림이 없고
依般若波羅蜜多故 心無罣碍

걸림이 없으므로 　　　두려움이 없어서
無罣碍故 　　無有恐怖

뒤바뀐 헛된 생각을 멀리 떠나 　완전한 열반에 들어가며
遠離顚倒夢想 　究竟涅槃

삼세의 모든 부처님도 　반야바라밀다를 의지하므로
三世諸佛 　依般若波羅蜜多故

최　상　의 　깨　달　음　을 　얻　느　니　라
得阿耨多羅三藐三菩提

반　야　바　라　밀　다　는 　가　장　신　비　하　고
故知般若波羅蜜多 是大神呪

밝은 주문이며 　위없는 주문이며 　무엇과도 견줄 수 없는 주문이니
是大明呪 是無上呪 是無等等呪

온갖 괴로움을 없애고 　진실하여 허망하지 않음을 알지니라
能除一切苦 　眞實不虛

이제 　반야바라밀다주를 　말 하 리 라
故說般若波羅蜜多呪 卽說呪曰

아제 아제 바라아제 바라승아제 모지 사바하

아제 아제 바라아제 바라승아제 모지 사바하

아제 아제 바라아제 바라승아제 모지 사바하

생활 속의 반야심경

김현준 지음 / 신국판 240쪽 8,000원

불자들이 매일같이 독송하는 가장 가까운 경전인 반야심경. 하지만 '반야심경'의 내용이 너무 어렵고 난해하다고들 하여, 쉽게쉽게 풀이하였습니다. 우리의 생활과 결부시켜 참으로 명쾌하게 해석하였습니다.

공이란 무엇인가? 모든 괴로움에서 벗어나는 법, 색즉시공 공즉시색, 불생불멸·불구부정의 생활, 걸림없이 살기를 원한다면, 진실불허하고 복된 삶을 이루는 방법 등, 반야심경의 경문을 따라 참으로 잘 사는 방법을 재미있고 감동적으로 풀이하고 있습니다.

이 책을 읽으면 반야심경을 사경함에 있어 많은 도움이 되리라 확신합니다.

반야심경 한문 사경

초 판 1쇄 펴낸날 2012년 1월 16일
       14쇄 펴낸날 2024년 7월 29일

엮은이 김현준
펴낸이 김연수
고 문 김현준

펴낸곳 새벽숲
등록일 2009년 12월 28일 (제321-2009-000242호)
주 소 서울특별시 서초구 반포대로14길 30, 906호 (서초동, 센츄리I)
전 화 02-582-6612, 587-6612
팩 스 02-586-9078
이메일 hyorim@nate.com

값 5,000원

ⓒ 새벽숲 2012.
ISBN 978-89-965088-6-1 13220